Schimmernder Beton

Amin Tirmizi

Schimmernder Beton

Profitabel mit dem richtigen Mindset

Bibliografische Information der Deutschen Nationalbibliothek:

Die Deutsche Nationalbibliothek verzeichnet diese Publikation in der Deutschen Nationalbiografie; detaillierte bibliografische Daten sind im Internet über http://dnb.dnb.de abrufbar.

Erste Auflage, Juni 2016

Herstellung und Verlag: BoD - Books on Demand, Norderstedt

ISBN: 9783848215010

Den Autor erreichen Sie unter: info@3t-system.de

Dieses Buch stellt keine spezifische Anlageempfehlung dar. Der Handel und der Kauf von Immobilien sind mit sehr hohen Risiken verbunden, welche unter Umständen zum Totalverlust des eingesetzten Kapitals führen können. Alle in diesem Werk vermittelten Erkenntnisse wurden nach bestem Wissen und Gewissen recherchiert. Der Autor, der Verlag sowie alle Personen, die mit der Erstellung dieses Werkes in Verbindung stehen, haften nicht für mögliche Verluste, welche aufgrund der Umsetzung des vermittelten Gedankengutes entstehen können.

Vorwort

Sehr geehrte Leserinnen und Leser,

in diesem Buch geht es um meinen Weg an die Kapitalmärkte, vor allem um den Immobiliensektor, welcher aufgrund der Niedrigzinsphase in den letzten Jahren massiv an Dynamik gewonnen hat. Wer bereits mein vorheriges Buch gelesen hat, welches sich ausschließlich auf den Börsenhandel bezieht, weiß dass ich ebenfalls - neben dem Trading - im Immobiliengeschäft tätig bin und dort ebenfalls meine Grundregeln und Philosophien habe, die mich erfolgreich erscheinen lassen. Anfang dreißig hatte ich mir einen schuldenfreien Immobilienbestand aufgebaut, durch welchen ich bis heute eine gewisse finanzielle „Freiheit" genießen kann. Selbstverständlich ist Reichtum immer relativ zu sehen und immer von dem jeweiligen Lebensstandard abhängig, welchen jemand wählt.

In den folgenden Kapiteln werden fundamentale Grundkenntnisse vermittelt, welche es ermöglichen sollen, Fehler bei Immobilienkäufen zu vermeiden und sein Kapital gewinnbringend zu vermehren. Vor allem dient dieses Werk dazu, die richtige Einstellung zu Geld und zu Immobilien zu vermitteln.

Über den Autor

Amin Tirmizi ist ein privater Börsenhändler und Immobilieninvestor, der seine ersten Erfahrungen an den Kapitalmärkten bereits im Alter von 18 Jahren gemacht hat. Im Jahr 2003 machte er sein Fachabitur in Kassel in Verbindung mit einer Berufsausbildung im Bereich Wirtschaftsinformatik. In den Jahren 2005 bis 2007 absolvierte er zusätzlich eine Ausbildung zum Bürokaufmann, bevor er 2008 ein Wirtschaftsstudium begann. Im Jahr 2013 erwarb er zudem einen IHK-Abschluss im Bereich Personalmanagement.

Amin Tirmizi wurde von verschiedenen namhaften Profihändlern sowie Fachleuten ausgebildet und schaffte es über die Zeit dauerhaft profitabel sein Vermögen zu vermehren.

Inhaltsverzeichnis

Kapitel 3 - Tipps und Tricks

Mein Weg an die Märkte

Mein Name ist Amin Tirmizi. Ich wurde 1982 in Kassel geboren. Da meine Eltern beide berufstätig waren, wuchs ich bei meinem Großvater Josef, einem Banker, auf. Was es mit diesem Beruf auf sich hatte wusste ich damals noch nicht, außer, dass es irgendwas mit Geld zu tun haben muss. Geld spielte für mich schon früh eine Rolle, da ich wusste, dass man es braucht um sich schöne Dinge zu kaufen. Mein Onkel war ebenfalls Banker, was er auch meinem Großvater zu verdanken hatte. Im Alter von fünf Jahren war es soweit. Mein Großvater nahm mich auf die Betriebsfeier seiner Bank mit, was eine hohe Begeisterung in mir erweckte. Es war nicht das reichhaltige Buffet, was mich neugierig machte oder die schönen Autos auf dem Parkplatz, sondern vielmehr die stolzen Menschen und die schicken Anzüge. Alle sahen zufrieden und glücklich aus. Auch ich als kleiner Junge konnte erkennen, dass es diesen Menschen gut ging. Somit fiel für mich relativ früh die Entscheidung, dass ich als Erwachsener auch etwas mit Geld zu tun haben wollte.

Da mein Großvater mein Vorbild war, versuchte ich von nun an zu verstehen, wie er mit Geld umging. Ich merkte, dass wann immer er Geld ausgab, er sich länger damit beschäftigt hatte. Er konnte so eine Menge einsparen. Ich wusste, dass er genug Geld hatte, aber fragte mich dennoch immer, wieso er sich jede noch so kleine Ausgabe notierte. Als ich ihn einmal darauf ansprach, antwortete er mir: „Mein Junge, wenn du eine Schaufel nimmst und immer eine kleine Schippe Sand auf einen Haufen schüttest, hast du irgendwann einen großen Berg."

Von nun an versuchte ich, auch auf diese Dinge zu achten. Wann immer mein Großvater mir etwas Taschengeld gab, damit ich mir am Kiosk etwas kaufen konnte - versuchte ich einen Teil davon zu sparen - um mir ein eigenes Vermögen aufzubauen. Dies tat ich Stück für Stück und merkte wie nach einigen Jahren aus den kleinen Beträgen eine beachtliche Summe wurde. Dadurch hatte ich im Alter von 18 Jahren die Hälfte für meine erste Eigentumswohnung zusammen. Die andere Hälfte gab mir mein Großvater. Viele mögen jetzt denken, dass die Wohnung Unsummen an Geld gekostet hat, aber dem ist nicht so. Es waren genau genommen 30.000 DM. Von nun an hatte ich meinen ersten finanziellen Vorteil gegenüber anderen, da ich lediglich Nebenkosten zu zahlen hatte und keine teure Miete. Das Geld, das ich aus der ersparten Miete übrig hatte, legte ich stets auf mein Tagesgeldkonto, um es für mich „arbeiten" zu lassen. Es gab nicht viele Alternativen um sein Geld wirkungsvoll und effizient zu vermehren. Deswegen fing ich an mich Stück für Stück mit den Finanzmärkten zu beschäftigen. Zu diesem Zeitpunkt hatte ich keinerlei Ahnung, wie die Märkte funktionieren und wie sich die Preise der einzelnen Werte bilden. Die einzige Regel, die ich bis dahin kannte, war günstig einkaufen und teuer verkaufen und so ging eine ganze Zeit ins Land.

Im Alter von 20 Jahren erfuhr ich den größten Rückschlag in meinem Leben. Mein Großvater starb im Alter von 78 Jahren. Derjenige, der mir sämtliche Tugenden und Weisheiten vermittelt hatte, war auf einmal nicht mehr da und ich stand plötzlich ganz alleine da. Er hinterließ mir einen Teil seines Vermögens, unter anderem eine weitere Eigentumswohnung. Heute würde ich ohne zu zögern mein ganzes Vermögen eintauschen um nur einen einzigen Tag mit ihm verbringen zu dürfen. Es half Alles nichts. Ich musste mich durchkämpfen und mit dieser Situation zurechtkommen. Zu diesem Zeitpunkt wusste ich, dass ich bereits jetzt eine große Summe Geld "auf der hohen Kante" hatte. Bis zum Lebensende würde es jedoch bei Weitem nicht reichen. Also fing ich an, mich Tag für Tag mehr mit meinem Geld zu beschäftigen - und es stetig zu vermehren. Meine ersten nennenswerten Gehversuche fanden, wie in den folgenden Kapiteln beschrieben, relativ früh statt. Bis ich jedoch ein langfristig profitabler Händler wurde, dauerte es allerdings wesentlich länger als erwartet. Nach ungefähr sechs Jahren harter Arbeit konnte ich mich dann endlich zu dem elitären Kreis der wenigen profitablen Händler zählen. Alles, was ich verdiente, investierte ich nach und nach in Immobilien, wie mein Großvater es einst tat. Im Alter von 32 Jahren konnte ich bereits sechs schuldenfreie Immobilien mein Eigen nennen. Somit hatte ich ein zusätzliches passives Einkommen, das ich für neue Ideen nutzen konnte. Einen großen Teil dieses Einkommens reinvestierte ich an den Kapitalmärkten - und vermehrte mein Vermögen so stetig weiter. Der Grundstein für ein entspanntes und solides Handeln an den Kapitalmärkten war gelegt.

Überblick

Wohnfläche:	ca. 24,11 m²
Wohnräume:	1 ZKB
Baujahr:	1992
Etage:	1
Garage/Stellpl.:	keine
Beziehbar ab:	01.08.1999
Hausgeld:	263,00 DM/Monat
Kaufpreis:	DM 30.000,-

Kapitel 1 - Grundwissen

Lage, Lage, Lage!

Jeder der sich schon einmal mit Immobilien beschäftigt hat, im Internet recherchiert hat oder ein Gespräch mit einem vermeintlichen Experten suchte, ist früher oder später auf diese drei Schlagwörter gestoßen, die sich auf die Auswahl der Objekte beziehen sollen.

Wenn ein Laie an Lage denkt, stellt er sich meist grüne Rasenflächen, weiter Blick in die Ferne und eine idyllische Ruhe vor, was demnach eine gute Lage ausmacht. Doch der Schein trügt! Selbstverständlich ist bei der Lage der Wohlfühlfaktor relativ hoch zu werten. Jedoch sollte man immer verschiedenste Kriterien beachten, welche ich einmal fortlaufend aufgeführt habe:

- Habe ich unter Wert gekauft?
- Gibt es in dem Ort in dem ich wohne Geschäfte?
- Bin ich zwingend auf ein Auto angewiesen, wenn ich diese Immobilie bewohne?
- Wenn ich Nachwuchs bekommen sollte, habe ich dann die Möglichkeit meine Kinder in eine Betreuung zu geben?
- Ist der Wohnort infrastrukturell in einer optimalen Lage?
- Lässt sich diese Immobilie gegebenenfalls vermieten?

Wer sich diese Punkte etwas genauer durchließt wird schnell merken, welche Botschaft ich mit diesen Fragestellungen hervorbringen möchte. Wer die obigen Fragen mit ‚Nein' beantworten kann, der hat meist eine falsche Wahl mit seiner Immobilie getroffen und hat nicht selten ein schlechtes Geschäft getätigt.

Ähnlich wie beim Börsenhandel verhält es sich auch mit Immobilien. Bei meiner Immobilienauswahl kommen Objekte und die dazugehörigen Stadtbezirke auf den Radar, nach denen eine hohe Nachfrage existiert oder mit anderen Worten gesagt, die im Trend liegen. Diese Objekte versuche ich dann unter Wert zu kaufen und somit bereits bei Unterschrift einen Bilanzgewinn zu erzielen.

Jeder der mich etwas genauer kennt, weiß dass ich mich auf kleinen Wohnraum spezialisiert habe, da dieser relativ leicht zu vermieten ist. Das war vor zehn Jahren noch anders. Als bei uns in Kassel die Studiengebühren abgeschafft wurden und die Zahl der Studenten exorbitant zunahm, war kleiner Wohnraum plötzlich gefragt wie eh und je. Hinzu kommt, dass mit steigender Armut ebenfalls die Nachfrage nach kleinem Wohnraum steigt und dies den Kaufpreis – und auch den Mietpreis - enorm steigen lässt. Wie in jedem Handel erfolgt die Preisbildung bei Immobilien ebenfalls nach ein und demselben Schema: Angebot und Nachfrage!

Fange an bevor du bereit bist!

Diese Schlagzeile hört sich beim ersten Eindruck sehr aggressiv wirkend an - was sie eigentlich nicht ist.

Die Frage, die sich die meisten hier an dieser Stelle jetzt stellen lautet wahrscheinlich: „Wie soll ich mit etwas anfangen, wenn ich noch nicht bereit bin?" Die Frage ist absolut berechtigt, denn die gleiche Frage habe ich mir selber gestellt, als ich mit dieser Frage das erste Mal konfrontiert wurde.

Um Ihnen den Kontext dieser Frage etwas näher zu bringen, muss ich jedoch etwas weiter ausholen und von einem Bekannten erzählen, auf den diese Fragestellung exakt zutrifft.

Des Öfteren treffe ich alte Bekannte, welche mir ab und an über den Weg laufen. Einige von ihnen sehe ich öfter, die anderen seltener. Einer von ihnen ist Jens, der sich ebenfalls für Immobilien und Investmentgeschäfte brennend interessiert. Jens hat einen sicheren Job, denn nach seinem Abitur schlug er direkt eine Beamtenlaufbahn ein und verdient bis heute gutes Geld.

Wann immer ich Jens treffe erzählt er mir welche Immobilien und Grundstücke er sich zuletzt angesehen hat und kennt fast jeden Makler in unserer Stadt mit dem Vornamen, was auch auf seine sympathische Art zurückzuführen ist. Wenn ich ihn dann beim nächsten Mal frage, was denn nun aus dem Projekt geworden ist, von welchem er mir das letzte Mal erzählt hat, bekomme ich meist Antworten wie – „Ich möchte noch ein bisschen sparen", oder […] "das Grundstück war schon weg" sowie „Ich hab keine Zeit gehabt mir darum zu kümmern […]". Spätestens hier sollte jedem ein Licht aufgehen. Jeder sollte erkennen, was es mit dieser Schlagzeile auf sich hat.

Wir Menschen sind von Grund auf faule Geschöpfe, die versuchen, für alles eine Ausrede jeglicher Art zu finden. Es ist doch viel bequemer, eine Sache auf morgen zu vertagen - doch das ist der falsche Ansatz!

Erfolg hat nur derjenige, der zielstrebig seinen Plan verfolgt - und diesen mit absoluter Disziplin umsetzt!

Ich möchte mit dieser Message niemanden dazu animieren ins kalte Wasser zu springen, ohne sich im Vorhinein über ein Geschäft im Klaren zu sein. Es zielt vielmehr darauf ab, Entscheidungen zu treffen, welche eine Veränderung nach sich ziehen.

Bei dieser Betrachtungsweise gibt es einen Grundsatz zu beachten, welchen ich immer wieder bei Menschen beobachte. ‚Je größer die bevorstehende Folge einer von mir zu treffenden Endscheidung ist, je risikoaverser werden die Personen'.

Wenn ich Jens in 20 Jahren wieder treffe, wird er mir wahrscheinlich immer noch erzählen, welches Projekt er vor hat und welcher Umstand dazu geführt hat, dass ihm das Projekt, von welchem er mir bei unser letzten Begegnung erzählt hat, durch die Lappen gegangen ist.

Risikoscheu zu sein ist vom Prinzip her keine Schande. Die Scheu vor Risiko oder gar die Angst davor, hat nur eine Aufgabe - sie soll uns in Gefahrensituationen vor Fehlentscheidungen schützen und bewahren. Wenn man eine solche Schwäche bei sich erkennt, sollte man versuchen sich Gedankenstrukturen zu schaffen, die einem die Umsetzung des rationalen Gedankenguts ermöglichen.

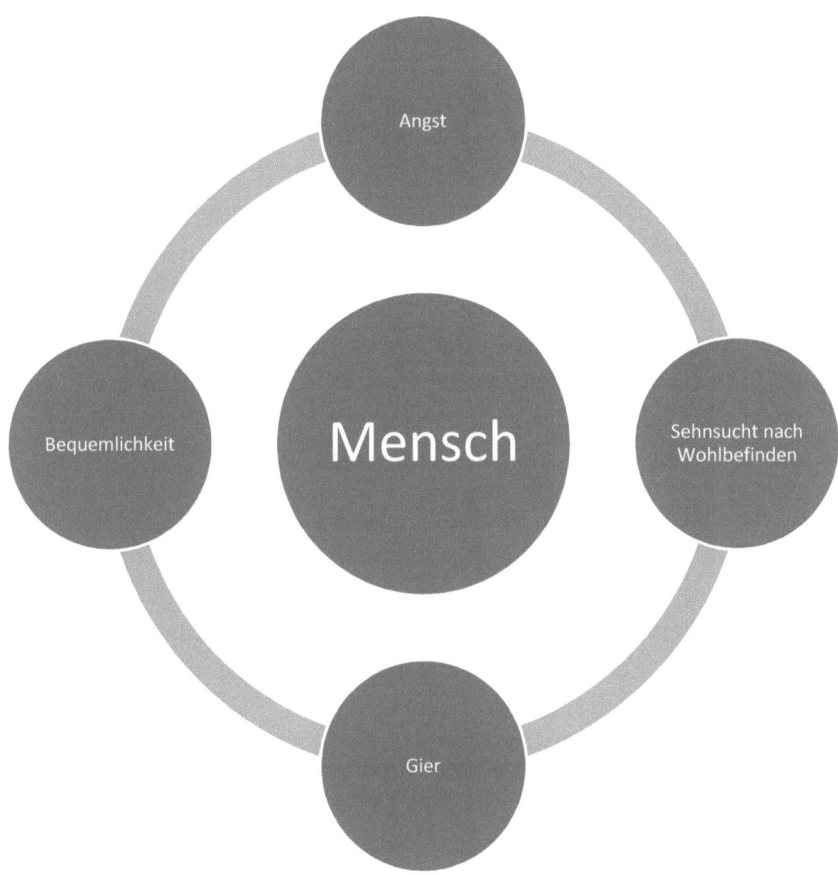

In der skizzierten Grafik habe ich einmal mehrere Faktoren dargestellt, die uns daran hindern rationale Entscheidungen zu treffen.

Warum in Immobilien investieren?

Eine Frage, die sich eigentlich jeder Bürger früher oder später einmal gestellt hat - oder stellen sollte. An dieser Stelle muss man diese Thematik in zwei Kategorien einteilen. Einerseits sind es die selbst genutzten Immobilien und andererseits Immobilien als Kapitalanlage (Vermietung).

Für beide Kategorien gibt es verschiedenste Gründe, welche für oder gar gegen eine Investition sprechen. Somit könnte ein Negativgrund für eine selbstgenutzte Immobilie, der Tausch der Flexibilität sein oder das Liquiditätsrisiko, welches bei drohender Arbeitslosigkeit unter Umständen eintreffen kann.

Es ist fast unmöglich sämtliche Eventualitäten von vorneherein auszuschließen, da niemand vorhersehen kann, ob es das Unternehmen, in dem man arbeitet in zehn Jahren noch gibt - oder ob ein Familienmitglied pflegebedürftig wird und somit das Einkommen des Lebenspartners für die Pflege der erkrankten Person verwendet werden muss.

Bei einer Investition in Immobilien sollte man stets langfristig planen und jegliche Eventualität einmal durchdenken, um einen bestmöglichen Erwartungswert generieren zu können.

In der folgenden Grafik habe ich einmal drei wichtige Gründe dargestellt, welche aus meiner Sicht dafür sprechen in Immobilien zu investieren - vollkommen losgelöst von der Eigen- oder Fremdnutzung (Vermietung).

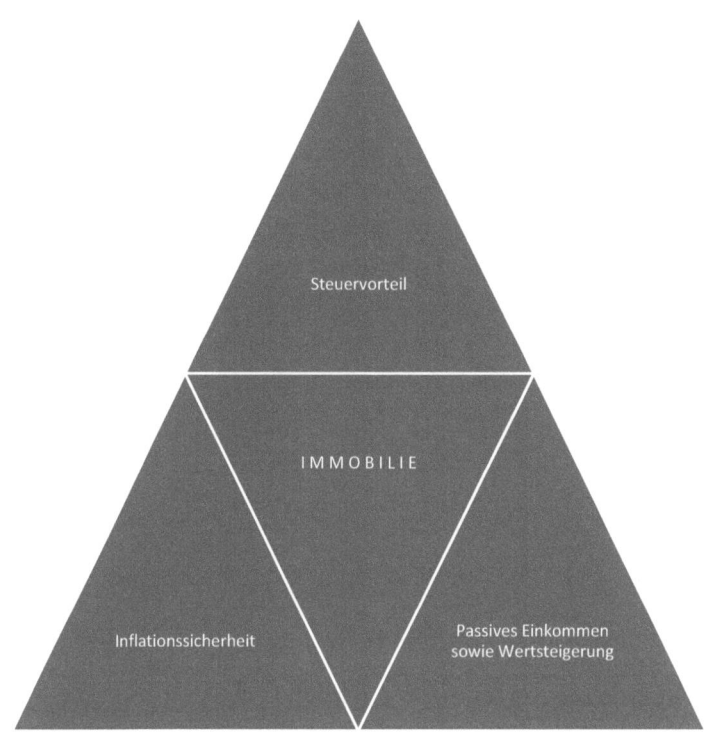

Immobilienbesitzer versus Unternehmer

Viele mögen sich fragen, ab welcher Anzahl von Immobilien oder mit anderen Worten gesagt, ab wie viel Immobilien man ein Unternehmer ist. Meine Antwort lautet: Ab der ersten Immobilie! Genau richtig gelesen! Ab der ersten Immobilie ist man ein Unternehmer und warum das so ist, werde ich im Folgenden erläutern. Vom Prinzip her ist eine Immobilie nichts weiter als eine Bilanz, bestehend aus Einnahmen und Ausgaben. Zu beachten ist jedoch, dass Einnahmen stets höher sind als die Ausgaben. Temporär gesehen mag es vorkommen, dass in irgendeinem Monat die Ausgaben höher sind als die Einnahmen. Man sollte jedoch die quantitative Betrachtung auf eine längere Zeitperiode fixieren und den Durchschnitt als Richtwert nehmen.

Einnahmen	**Bilanz**	Ausgaben
Mieteinnahmen warm		Darlehenstilgung
		Hausgeld
		Rechtschutzversicherung
		Rücklagen
		Grundsteuer

Viele machen bei ihrer ersten Immobilie den Fehler, sich von der Optik und von äußeren Einflüssen beeindrucken zu lassen - und nicht vom tatsächlichen Wert der Immobilie. Wie gerade erwähnt ist eine Immobilie für mich nichts weiter als eine Bilanz. Die erste und einzige Frage, die ich mir beim Kauf einer Immobilie stelle ist:'' Kann ich mit dieser Immobilie Geld verdienen? ''

Niedrige Zinsen - hoher Kaufpreis!

Es ist fast ein Phänomen! Die Preisentwicklung der Immobilien in Deutschland in den letzten drei Jahren - ein Theater - welches auf der Zeitachse immer wiederkehrende Begeisterung weckt. Man konnte ab dem Jahr 2012, wenn nicht sogar schon früher förmlich zuschauen, wie die Preisentwicklung der Immobilien ein immer höheres Level erreichte. Grund gibt es dafür nur einen und das ist die Übergewichtung der Nachfrage im Verhältnis zum Angebot. Die ureigenste Philosophie, welche einen Handel erst entstehen lässt. Einer der Hauptgründe für das Übergewicht der Nachfrage sind sinkende Zinsen, da viele Kleininvestoren der Meinung sind jetzt günstig einen Kredit bei ihrer Bank zu erhalten. Doch was sie völlig außer Acht lassen und in Kauf nehmen, ist der Abtrag einer völlig überteuerten Immobilie, welcher vielen über kurz oder lang das Genick brechen kann. Zudem kommt noch ein psychologischer Effekt hinzu, welchen ich als sozialen Wohlfühlfaktor bezeichne. Es ist der Zugzwang, da viele Bekannte, Verwandte oder Arbeitskollegen bereits eine Immobilie besitzen und sich deswegen genötigt fühlen, sich diesem Kreis anzuschließen. In dieser Phase denken die meisten Kleinbürger nicht mehr rational, sondern emotional, was meist ein schlechtes Geschäft nach sich zieht.

Die Masse, genau genommen fast 99 Prozent aller Immobilien, die von Kleinbürgern erworben werden, sind mit Fremdkapital finanziert - und das ist der springende Punkt. Wenn ich auf der Zeitachse der letzten 30 Jahre einmal die Immobilienpreise mit den dazugehörigen Kosten, welche bei einer Fremdfinanzierung anfallen, addiere, dazu gehören Zinsen sowie Kaufnebenkosten, komme ich zu dem Ergebnis, dass es bei fremdfinanzierten Immobilien fast egal ist, ob ich mit hohem Kaufpreis zu niedrigen Zinsen finanziere, oder mit niedrigem Kaufpreis zu hohen Zinsen. Unter dem Strich kommt man in den meisten Fällen zu ein und demselben Ergebnis.

Ein Geschäft wird in der Regel nur dann draus, wenn man bei hohen Zinsen und daraus resultierend zu einem niedrigen Kaufpreis eine Immobilie erwirbt, welche man ohne Fremdkapital, oder wenigstens zum Teil, fremdfinanziert.

Wenn wir an dieser Stelle noch einmal auf den psychologischen Wohlfühlfaktor eingehen, haben viele der Immobilienbesitzer meist noch eine zweite Herausforderung zu stemmen und das ist die Neuverhandlung der Zinssätze nach Ablauf des Darlehens. Oft werden die Immobilien dieses Personenkreises blind finanziert, in der Hoffnung ''wird schon gut gehen''. Die meisten vergessen jedoch, dass nach einem Immobilienkauf Folgeinvestitionen entstehen, beispielsweise eine neue Heizung, ein neues Dach oder gar eine Gemeindeumlage, welche ich bereits mehrmals zahlen durfte. Der Spruch ''Sie pfeifen aus dem letzten Loch'' ist manchmal gar nicht so unzutreffend, wenn man sich die finanzielle Situation dieser Menschen ansieht.

Oftmals können auch soziale Aspekte in den finanziellen Ruin führen, wie zum Beispiel eine Scheidung, Familienplanung oder gar die Erwerbslosigkeit. Um eine Finanzierung sauber zu planen ist es meiner Meinung nach zwingend erforderlich die bereits genannten Parameter mit einzukalkulieren und nicht zu blauäugig an die Sache herangehen.

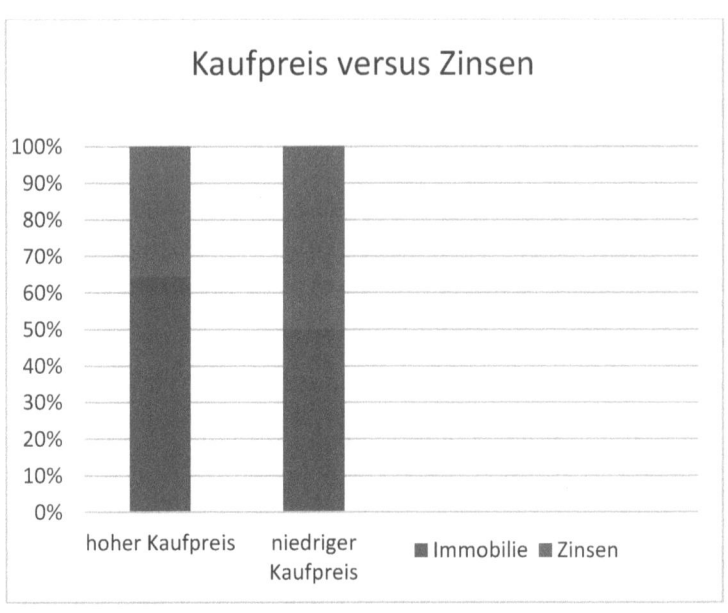

Kaufpreis versus Zinsen

Inflation als Rückenwind

Menschen die bei aktuellen Marktbedingungen, in Bezug auf den derzeitig gültigen Zinssatz, Geld sparen, legen nach Abzug von Kapitalertragssteuer drauf, ohne an dieser Stelle die Inflation noch mit einzubeziehen.

Genau anders herum verhält es sich beim Investieren in einen Sachwert, wie zum Beispiel einer Immobilie. Selbst bei einer vollständigen Finanzierung des Objektes zahlt man auf das entliehene Kapital meist Zinsen, welche unterhalb der aktuellen Inflationsrate liegen.

Der Grundgedanke hierbei ist, dass man bei diesem Modell quasi mit der Inflation geht und diese somit als Vorteil oder mit anderen Worten, als „Rückenwind" nutzt. Die Mietspiegel und die Werte der einzelnen Immobilien entwickeln sich somit synchron auf der Zeitachse mit der Inflation nach oben. Schaut man sich einmal die Mietpreise vor 20 Jahren an und vergleicht sie mit den heutigen Preisen, kommt man rasch zu der Erkenntnis, dass sich die Mietpreise in den meisten deutschen Regionen mehr als verdoppelt haben.

Diese Philosophie ist natürlich sehr plakativ dargestellt und trifft in einzelnen Fällen nicht zwangsweise zu. Jedoch stellt diese einen signifikanten Vorteil da, welchen es zu nutzen gilt. Selbstverständlich gibt es Immobilien, welche auf der Zeitachse ihren Kapitalwert halbiert haben, jedoch ist dies meist dem Umstand geschuldet, dass diese Objekte keiner infrastrukturellen Nachfrage unterliegen oder ein falsches Investitionsmanagement beziehungsweise gar kein Investitionsmanagement betrieben wurde.

Um solche Fehler von vornherein zu vermeiden, spielt die selektive Auswahl der Immobilien eine signifikante Rolle. Es ist wichtig dort zu investieren, wo die Nachfrage am höchsten ist - und folglich die Wahrscheinlichkeit eines längeren Leerstandes am geringsten.

Viele mögen an dieser Stelle denken, dass es nicht vorhersehbar ist, wohin die Nachfrage in 20 Jahren geht, jedoch ist eines fast sicher: Wer eine Immobilie in einer großen Stadt kauft und nicht fernab von jeglicher Zivilisation, der kann die Wahrscheinlichkeit eines Leerstandes auf der Zeitachse nahezu in den unteren einstelligen prozentualen Bereich drücken. Wie schon bereits erwähnt habe ich meine erste Immobilie im Alter von 18 Jahren erworben und die Mieteinnahmen sowie die Werte der Immobilien haben sich deutlich gesteigert. Zwei meiner Primärkriterien bei Immobilien sind immer der örtliche Bezug zu einer Hochschule oder Universität sowie zu großen Unternehmen, wenn ich von kleinem Wohnraum ausgehe.

Wie bereits erwähnt ist dies kein Schema, was zwangsläufig bei allen Immobilien zutrifft. Jedoch habe ich hiermit die größte Wahrscheinlichkeit einen Vorteil für mich zu nutzen.

Die Kontrolle

Im vorherigen Abschnitt haben wir gelernt, dass das Investieren in eine Immobilie eine ganze Menge mit Unternehmertum zu tun hat. Wie bereits erwähnt, wird der potentielle Käufer bereits bei der Besichtigung der Immobilie zum Unternehmer, da er in dieser Phase alle Parameter abarbeitet, welche letztendlich zu einer Entscheidung führen. Ab dem Moment, an dem sich ein Mensch mit einer Investition beschäftigt, wird dieser Mensch zu einem Unternehmer. Die meisten Menschen kennen jedoch nicht einmal die Definition des Unternehmertums. Um dies an dieser Stelle noch einmal zu erörtern, fangen wir erst einmal mit dem Selbstständigen an. Der Selbstständige arbeitet selbst und ständig, wie es das Wort hergibt. Er tauscht quasi seine Freizeit gegen Geld und arbeitet meist ohne fremde Anweisung auf eigene Rechnung. Es gibt verschiedenste Varianten der Selbstständigkeit, deswegen liegt die Betonung im vorherigen Satz auf ‚meist'.

Der Unternehmer hingegen hat eine Idee oder mit anderen Worten Vision und versucht diese mit der Investition von Kapital, vollkommen unabhängig davon ob Eigen- oder Fremdkapital, profitabel für sich umzusetzen. Spätestens hier bei dieser Definition erkennt man, dass das Investieren in Immobilien eine ganze Menge mit Unternehmertum zu tun hat.

Selbstverständlich ist nicht jeder Mensch ein guter Unternehmer. Es gibt allerdings Möglichkeiten einem solchen Defizit entgegen zu wirken, um somit Schritt für Schritt eine Ecke weiter zu kommen. Um Unternehmer zu werden gibt es einen wichtigen Punkt, welcher unabdingbar ist: Es ist die Kontrolle. Sie gibt dem Unternehmer die Grundlage für rationale Entscheidungen. Ich habe bewusst „Grundlage" gewählt, weil hierbei der psychologische Faktor eine sehr große Rolle spielt, auf welchen ich im weiteren Verlauf etwas mehr eingehen möchte.

Die Kontorolle ermöglicht also seine eigenen Statistiken auszuwerten, um somit Anhaltspunkte zu erhalten, die es ermöglichen, durch die Justierung einzelner Stellschrauben, das Geschäft profitabler zu gestallten.

Die Kontrolle fängt bei der Dokumentation der einzelnen Kostenpunkte einer Immobilie an, um im späteren Verlauf beispielsweise zu berechnen, wie rentabel meine Immobilie ist. Ebenso lässt die Dokumentation Aufschluss über die Investitionsquote geben sowie die einzelnen Ausgaben, welche mit der Immobilie in Verbindung stehen.

Viele Eigenheimbesitzer machen den Fehler, dass sie von ihrem Girokonto, von dem sämtliche Privatausgaben ein- und ausgehen, alle Buchungen für ihre Immobilie vornehmen. Sie mischen quasi ihr Unternehmen Immobilie, mit dem Unternehmen privater Haushalt. Eine Immobilie sollte ein eigenes Konto besitzen - mit mehreren Unterkonten - um eine bestmögliche Transparenz über die einzelnen Kostenpunkte zu erhalten. Nur somit lassen sich Schwachstellen frühzeitig erkennen und ausmerzen.

Viele Eigenheimbesitzer sind der Annahme, dass es ausreichend sei, dass ihr Mischkonto, wie eben bereits erwähnt, immer ausreichend gedeckt sei und belassen es bei dieser Sache. Oftmals sind es sogar Lehrer, Ärzte oder gar Anwälte, welche nach einem solchen Schema verfahren. Kontrolle ist unabdingbar um im Immobiliengeschäft profitabel zu bestehen.

Berechnung der Bruttorendite

Um die Rentabilität einer Immobilie festzustellen ist es zwingend erforderlich zu wissen, welchen Ertrag das Objekt im Jahr abwirft. Um dies zu tun ist es zunächst wichtig einen Richtwert zu haben, nach welchem ich mein potentielles Investment ausrichte.

Speziell für mein Regelwerk sollte eine Immobile eine Bruttorendite von mindestens fünf Prozent im Jahr erwirtschaften. Es gibt die verschiedensten Modellrechnungen für eine zu erwirtschaftende Rendite, was jedoch je nach Absicht des Investors, relativ individuell zu betrachten ist. Für manche Investoren sind fünf Prozent viel, für andere zehn Prozent wenig.

Im folgenden Beispiel habe ich einmal eine solche Berechnung vereinfacht aufgeführt. Es ist hierbei zu beachten, dass zu den Gesamtinvestitionskosten in der Praxis meist noch Renovierungs- oder gar Sanierungskosten hinzukommen. Ebenfalls wird bei diesem Beispiel davon ausgegangen, dass der Erwerber dieses Beispielobjektes, diese Immobilie mit 100 % Eigenkapital finanziert. Kämen noch Zinsen für das Fremdkapital hinzu, würde die Berechnung deutlich komplexer aussehen.

Des Weiteren wurden steuerliche Aspekte nicht berücksichtigt, da jeder Steuersatz je nach Progression unterschiedlich ausfällt - je nach Eigen- oder Fremdnutzung.

Beispiel 1

Kostenstelle	Betrag	Bemerkung
Kaufpreis	100.000,00 €	für 100 qm
+ Kaufnebenkosten	13.450,00 €	Grunderwerbsteuer 6%, Makler 5,95%, Notar 1,5%
= Gesamtinvestitionskosten	**113.450,00 €**	**Ohne Renovierungskosten**

Kostenstelle	Betrag / Jahr	Bemerkung
Nettokaltmiete / Jahr	6.000,00 €	
- nicht umlagefähige Kosten	400,00 €	
- Instandhaltungsrücklage	600,00 €	0,50 €/qm pro Monat
= Prozentwert Bruttorendite	**5.000,00 €**	

Kostenstelle	Betrag / Jahr	Bemerkung
Gesamtinvestitionskosten	113.450,00 €	
Prozentwert Bruttorendite	5.000,00 €	
Prozentsatz Bruttorendite	**4,41**	**Pw-Bruttorendite * 100 / Gesamtinvestitionskosten**

Beispiel 2

ostenstelle	Betrag	Bemerkung
aufpreis	50.000,00 €	für 50 qm
- Kaufnebenkosten	6.725,00 €	Grunderwerbsteuer 6%, Makler 5,95%, Notar 1,5%
= Gesamtinvestitionskosten	**56.725,00 €**	**ohne Renovierungskosten**

ostenstelle	Betrag / Jahr	Bemerkung
ettokaltmiete / Jahr	6.000,00 €	
nicht umlagefähige Kosten	200,00 €	
Instandhaltungsrücklage	300,00 €	0,50 €/qm pro Monat
= Prozentwert Bruttorendite	**5.500,00 €**	

ostenstelle	Betrag / Jahr	Bemerkung
esamtinvestitionskosten	56.725,00 €	
rozentwert Bruttorendite	5.500,00 €	
rozentsatz Bruttorendite	**9,70**	**Pw-Bruttorendite * 100 / Gesamtinvestitionskosten**

Beispiel 3

Kostenstelle	Betrag	Bemerkung
Kaufpreis	35.000,00 €	für 80 qm
+ Kaufnebenkosten	4.707,50 €	Grunderwerbsteuer 6%, Makler 5,95%, Notar 1,5%
= Gesamtinvestitionskosten	**39.707,50 €**	**ohne Renovierungskosten**

Kostenstelle	Betrag / Jahr	Bemerkung
Nettokaltmiete / Jahr	4.200,00 €	
- nicht umlagefähige Kosten	300,00 €	
- Instandhaltungsrücklage	480,00 €	0,50 €/qm pro Monat
= Prozentwert Bruttorendite	**3.420,00 €**	

Kostenstelle	Betrag / Jahr	Bemerkung
Gesamtinvestitionskosten	39.707,50 €	
Prozentwert Bruttorendite	3.420,00 €	
Prozentsatz Bruttorendite	**8,61**	**Pw-Bruttorendite * 100 / Gesamtinvestitionskosten**

Kapitel 2 - Subjektive Erfahrung

Mein Fehlkauf

Mein erster und bis heute einziger Fehlkauf liegt schon einige Jahre zurück. Kriterien für einen Kauf hatte ich zu diesem Zeitpunkt bereits für mich definiert. Jedoch bin ich meiner Meinung nach, wenn ich das im Nachhinein betrachte, etwas zu blauäugig an die Sache heran gegangen. Somit erwarb ich eine Eigentumswohnung in einer sehr guten Lage in Kassel für knapp 30.000 Euro. Der niedrige Kaufpreis war dem Umstand geschuldet, dass die in Rede stehende Wohnung komplett renoviert werden musste - inklusive Bad, Decken und Wände. Da ich relativ guten Kontakt zu Unternehmen hatte, waren die Kosten für die Renovierung dennoch überschaubar. Was mich allerdings stutzig machte, war die niedrige Instandhaltungsrücklage der Eigentümergemeinschaft, welche monatlich über das Hausgeld zu entrichten ist. Für dieses Sechs-Parteienhaus betrug diese nämlich gerade einmal 4.000 Euro, was deutlich zu gering ist. Das Hausgeld, was im Wirtschaftsplan relativ gering angesetzt war, hätte mich eigentlich zum Nachdenken bewegen müssen, zumal mir nur eine Nebenkostenabrechnung vorlag, welche eigentlich nicht schlecht aussah. In Wahrheit wurden die Nebenkosten durch die Eigentümergemeinschaft optisch gering gehalten und alle zusätzlichen Kosten und Investitionen wurden über Sonderumlagen finanziert, was mir bei dem Kauf vorenthalten wurde. Hätte ich genauer geprüft und darauf bestanden, wäre mir dieses Dilemma wahrscheinlich aufgefallen. Die Vorauszahlung für Wasser, Heizung und die Rücklage war so gering, dass mir bei diesem niedrigen Hausgeld eigentlich etwas hätte auffallen müssen. Somit betrug das Hausgeld in den meisten Jahren fast das Doppelte als im Wirtschaftsplan avisiert wurde.

Nach knapp einem Jahr verkaufte ich diese Immobilie wieder, da aufgrund des hohen Hausgeldes, welches nur teilweise auf dem Mieter umgelegt werden kann, eine zu geringe Kaltmiete im Verhältnis erzielt wurde. Zu diesem Zeitpunkt hatte diese Immobilie eine Rendite von gerade einmal zwei Prozent vor Steuern, was mich letztendlich zu einem Verkauf bewegte. Mein Glück war, dass ich diese Immobilie zu einem relativ günstigen Preis erworben hatte und durch die günstige Renovierung immer noch unter dem aktuellen Marktpreis für Immobilien in dieser Region lag. Somit konnte ich die Immobilie mit einem kleinen Gewinn verkaufen, worüber ich im Nachhinein relativ froh bin. Der größte Erfolg bei diesem Kauf war jedoch nicht der Gewinn, sondern die Erfahrung, welche ich zusätzlich gewinnen konnte, um zukünftig bei Immobilienkäufen sorgfältiger zu recherchieren. Zudem hatte ich das Glück, dass in jener Zeit, in der ich diese Immobilie besessen habe, keine Unsummen an Investitionen getätigt wurden, was ich als Glück im Unglück bezeichne.

Der Horrormieter

Jeder kennt Mieter aus diversen Fernsehsendungen, welche dem Eigentümer das Leben regelrecht erschweren. Diese Erfahrung ereilte mich relativ spät in meiner bisherigen Karriere und sprengte jegliche Dimension, von allem, was ich bisher gesehen hatte. Durch meinen großen Erfahrungsschatz mit Wohneigentum hatte ich eigentlich schon fast jede erdenkliche Situation erleben dürfen, welche man als Immobilienbesitzer irgendwann einmal macht. Im Jahr 2010 erwarb ich eine Kellerwohnung in der Nähe von Kassel, aus einem Zwangsversteigerungsverfahren. Direkt nach dem Kauf inserierte ich die Wohnung in einem Internetportal und wurde regelrecht mit Anfragen bombardiert, da kleine Wohnungen zu diesem Zeitpunkt sehr gefragt waren. Bei dem Telefonat, welches die Besichtigung mit dem künftigen Mieter nach sich zog, sprach ich mit einem Betreuer und nicht mit dem Mieter direkt, da dieser die Vormundschaft für diese Person hatte. Ich hatte ein etwas mulmiges Gefühl bei der Sache. Doch als sich der Mieter mit seinem Betreuer bei mir vorstellte, verschwand dieses relativ schnell. Die Miete und die Kaution wurden durch zuständige Behörden direkt an mich gezahlt. Viele Wissen was damit gemeint ist.

In den ersten Monaten machte ich relativ oft Hausbesuche mit dem Betreuer bei meinem Mieter, um nach dem Rechten zu sehen. Die Wohnung war nicht die Sauberste, jedoch waren keine Beschädigungen zu erkennen. Nach einiger Zeit ließ ich die Zügel etwas schleifen und kümmerte mich verstärkt um andere Projekte, da dieser nicht mein einziger Mieter war. Über meinen Hausmeister bekam ich zwar ab und an Beschwerden von diversen Nachbarn über den Mieter, jedoch waren diese kaum nennenswert. Es drehte sich meist um zu laute Musik – solche Beschwerden erreichen mich fast täglich. Als ich dann einige Zeit später den Betreuer anrief um einen Termin auszumachen, gab mir dieser zu verstehen, dass er nicht mehr für die Betreuung zuständig sei und es für die Betreuung keinen Nachfolger gäbe. Die Miete kam zwar immer pünktlich, jedoch hatte ich kein gutes Gefühl bei der Sache. Der einzige Trost bei diesem Geschäft war es, dass ich den kompletten Kaufpreis nach nur vier Jahren wieder „drinnen hatte", da ich diese Immobile fast 60 Prozent unter Wert erwarb. Man kann nur erahnen wie hoch der Kaufpreis einmal war.

Die Taktfrequenz der Beschwerden über den Mieter nahm plötzlich rasant zu. Es waren nunmehr keine Beschwerden mehr wegen zu lauter Musik, sondern wegen körperlicher Gewalt gegen andere Mieter, bis hin zum Vandalismus. Zusätzlich konnte ich mich nun auch mit der Polizei auseinander setzten, die in dem Haus ein und aus ging. Diese ganze Sache konnte ich relativ gut wegstecken, da ich durch meine Tätigkeit als Trader Emotionen relativ gut kontrollieren konnte - und somit die Fähigkeit besaß -und heute noch besitze - in Gefahrensituationen zu funktionieren und rationale Entscheidungen zu treffen. Eines Morgens blickte ich gegen halb sechs auf mein Handy. Da ich Frühaufsteher bin ist es ein morgendliches Ritual auf mein Handy zu schauen, um zu prüfen wie viel Uhr wir haben. Ich sah um fünf Uhr morgens drei Anrufe in Abwesenheit meines Hausmeisters, zu welchem ich ein sehr gutes Verhältnis pflege. Ich musste kurz einmal schlucken. Mein Hausmeister gehört zu einem ganz geringen Kreis, welchem ich blind vertraue. Wenn dieser mich zu einer solchen Uhrzeit mehrmals in Folge versucht zu erreichen, hat das in der Regel keinen positiven Hintergrund. Als ich in anrief, gab er mir bei Beginn des Gesprächs direkt zu verstehen, dass es in der Wohnung meines Horrormieters gebrannt hat und ein kompletter Löschzug mit dem gesamten Einsatzportfolio anwesend sei. Ich machte mich direkt auf den Weg zum Objekt und traf alle möglichen Leute an - außer meinen Mieter. Die Brandursache konnte nicht geklärt werden. Jedoch konnte dem Mieter kein Vorsatz nachgewiesen werden. Der Brand war relativ überschaubar und es wurden zum Glück keine Personen verletzt. In dem Objekt waren auch kaum Beschädigungen, so dass die ganze Sache relativ glimpflich verlief. Für eine fristlose Kündigung hatte ich keine ausreichenden Indizien und hatte diesen Mieter weiter „an der Backe". Die Wohnung war inzwischen völlig zugemüllt, was man deutlich durch den Geruch verspüren konnte, welcher schon im Eingang des Hauses in der Luft lag.

Wieder einmal hatte ich Glück im Unglück. Als kurze Zeit später ein großer Wasserschaden durch ein geplatztes Leitungsrohr auftrat, mussten alle Wohnungen für mehrere Monate geräumt und die Mieter ausquartiert werden. Ich packte die Möglichkeit beim Schopfe und bat dem Mieter einen Deal an: Ich suchte ihm eine komplett neue Wohnung über eine Agentur und wurde ihn somit ein für alle Male los. Selbstverständlich habe ich mich bei dieser Geschichte etwas zurückgehalten und habe Einzelheiten gar nicht erwähnt. Die Realität mit diesem Mieter war noch um einiges heftiger als ich sie dargestellt habe.

Vor Einzug

Nach Auszug

Der Midnight-Express

Die folgende Geschichte beruht auf einer wahren Begebenheit, welche sich in meinem erweiterten Umfeld abgespielt hat und soll jene Menschen warnen, die leichtsinnig den Aussagen anderer vertrauen.

Ralf war ein junger und sehr lebensfroher Mann. Ich kannte ihn aus der Schulzeit und es zeichnete sich schon damals in so jungen Jahren ab, dass er einen guten Geschäftssinn hatte. Ich kann mich noch gut daran erinnern, als er sich einen Brenner kaufte - er war somit der Erste, der die Möglichkeit besaß PC-Spiele zu „brennen". Zur damaligen Zeit war es etwas ganz Besonderes einen eigenen Brenner zu besitzen, da diese recht teuer in der Anschaffung waren. Ich glaube für seinen ersten Brenner hat er um die 800 DM hingelegt und er war somit einer der angesagtesten Jungs auf unserer Schule. Mädchen ließen sich Musik CDs bei ihm brennen, die Jungs ihre PC-Spiele. Da ich mit Computerspielen wenig am Hut hatte, pflegten wir nur eher mäßigen Kontakt zueinander.

Die Jahre vergingen und man verlor sich schließlich aus den Augen. Als ich auf eine weiterführende Schule ging, begann Ralf eine Lehre zum Einzelhandelskaufmann in einem Supermarkt. Nach seiner Lehre stieg er dann schließlich zum Filialleiter auf und hatte sich somit hochgearbeitet. In der Schule war Ralf nie der Beste, aber auch nicht der Schlechteste. Deswegen war er umso glücklicher, dass es mit seinem Beruf ganz gut lief.

Ab und an traf ich Ralf in der Disco, wo wir uns oft gut amüsierten. Er hatte stets neue Geschäftsideen, welche sich vom Prinzip her gar nicht schlecht anhörten.

Eines Abends traf ich Ralf wieder in der Disco, aber er war nicht der Alte. Er sah irgendwie mitgenommen aus und als ich ihn fragte was passiert sei, schilderte er mir sein Leid.

Ralf erzählte mir, dass er vor einigen Wochen von einem Berater, welchen er bis zu diesem Zeitpunkt nicht kannte über sein Telefon kontaktiert worden sei und dieser ihm am Telefon eine Geschäftsidee näher brachte, welche sich auf den erstem Moment recht lukrativ anhörte. Es handelte sich hierbei um das Investieren in eine denkmalgeschützte Immobile und das Ganze hatte den Decknahmen „Steuersparmodell". Da Ralf für jegliche neue Ideen offen war und sich diese Idee recht viel versprechend anhörte, vereinbarte er einen Termin mit dem Berater, welcher ihn kurze Zeit später in seiner kleinen Mietwohnung aufsuchte. Der Berater machte wilde Berechnungen, die Ralf zwar nicht nachvollziehen konnte, jedoch mit dem Satz untermauert wurde: […]„Sie können hierbei kein Geld verlieren […]". Ralf schämte sich ein wenig und nickte. Er wollte dem Berater nicht den Eindruck geben, dass er keinerlei Ahnung von solchen Geschäften hat und hinterfragte somit keine seiner Aussagen.

Ralf sagte zum Ende des Gespräches, dass ihm das Ganze sehr gut gefalle, er aber leider nicht das nötige Kleingeld besäße, um ein solches Geschäft abzuschließen. Im Raum stand eine Summe von rund 300.000 Euro für eine kleine Immobilie, welche es zu kaufen galt. Als Ralf dem Berater seine Problematik näher brachte, schmunzelte dieser und gab ihm zu verstehen, dass er für dieses

Investment gar kein Geld brauche. Das ganze Projekt sollte lediglich über eine Bank finanziert werden, welche ihm direkt einen Kredit einräumen würde. Das Einzige was Ralf tun müsse wäre nur ein paar Unterschriften zu leisten. Die künftigen Mieteinnahmen würden die komplette Rate bei der Bank sowie die Nebenkosten der Immobilie decken und Ralf hätte somit überhaupt gar keine Ausgaben. Selbst einen Mieter müsse er nicht suchen, da dies die Firma des Beraters für ihn übernehmen würde - als Service quasi. Ralf hatte ein sehr mulmiges Gefühl bei der Sache, doch der Berater holte ein Argument nach dem anderen aus der Schublade, so dass Ralf nichts anderes übrig blieb als einzuwilligen.

Ralf fragte seinen neuen Freund und Berater, ob er sich die Wohnung einmal ansehen könne. Der Berater schmunzelte und sagte, dass die in Rede stehende Wohnung in Magdeburg sei und somit nicht so leicht zu besichtigen wäre. Der Berater packte eine Hochglanzbroschüre aus, in welcher die Wohnung in voller Pracht präsentiert wurde. Ralf staunte und hatte keine Zweifel mehr. Der Berater gab ihm aber zu verstehen, dass es noch eine ganze Menge Interessenten gäbe und man den Kauf schnellstmöglich abwickeln müsse, da es die letzte Wohnung sei.

Ralf willigte ein. Der Berater sagte ihm, dass er einen Notar kenne, welcher am heutigen Tag noch einen letzten Termin frei habe, da er danach in den Urlaub fahren würde. Selbst die Unterlagen für einen Kredit zauberte der Berate aus seinem glänzenden Lederkoffer. Ralf und der Berater fuhren schließlich zu dem Notar, welcher das ganze Geschäft beurkundete. Die ganze Zeremonie dauerte fast eine Stunde. Anschließend schlürften alle Drei noch einen Espresso. Es war 24.00 Uhr als Ralf das Büro des Notars verließ. Er bedankte sich noch einmal bei Beiden und fuhr nach Hause.

Ralf erzählte vorerst niemanden von seiner neuen Errungenschaft und genoss stillschweigend seinen neuen Triumph. Die weiteren Abläufe in dem Kaufverfahren wurden unkompliziert auf dem Postweg abgewickelt und wenige Wochen später war Ralf stolzer Besitzer einer Immobilie. Als sein Name schließlich im Grundbuch vermerkt war, kontaktierte er das Büro der Firma, welche ihm das Objekt vermittelt hatte und fragte nach, was denn mit seinem Mieter sei, welchen die Firma für ihn suchen wollte. Eine junge Dame mit einer sehr angenehmen Stimme vertröstete ihn am Telefon und gab ihm zu verstehen, dass die Suche nach einem Mieter auf Hochtouren liefe und es sich nur noch um wenige Tage handeln könne, bis ein passender Mieter gefunden sei. Ralf war zu diesem Zeitpunkt etwas besorgt, da die erste Rate für seinen Kredit bereits von der Bank eingezogen worden sei sowie das Hausgeld der Hausverwaltung. Ralf hatte zum Glück genug liquide Mittel an der Seite, welche er sich über die Jahre mühsam erspart hatte.

Zwei Wochen später kontaktierte er erneut das Büro, welches ihn aufs Neue vertröstete. Ralf entschloss sich am Wochenende zu dem Objekt zu fahren, um einmal nach dem Rechten zu sehen. Es waren genau drei Stunden Fahrt bis er vor der Tür seiner Errungenschaft stand. Von außen sah das Objekt nicht gerade einladend aus, jedoch war das nur sein erster Eindruck. Ihn wunderte nur, dass vor den Fenstern sämtlicher Wohnungen keine Gardinen hingen und die Tür des Eingangsbereiches offen stand. Seine

Wohnung sollte im Parterre direkt rechts sein. Aufgrund dessen war es nicht sehr schwer die Eingangstür zu finden. Diese stand ebenfalls weit offen. Als Ralf die ersten Schritte in die Wohnung wagte, lief es ihm eiskalt den Rücken hinunter. Die Wohnung war völlig vermüllt und für einen mittelständischen Bürger unbewohnbar. Es roch nach Schimmel und der Putz fiel teilweise von der Decke. Spätestens jetzt wusste Ralf, dass er betrogen wurde.

Am folgenden Montag versuchte er aufgebracht den Berater zu kontaktieren, welcher ihn in diese missliche Lage gebracht hatte - doch vergebens. Er recherchierte im Internet und erfuhr, dass die Firma kürzlich Insolvenz angemeldet hatte. Nach wenigen Monaten war sein Sparguthaben völlig aufgebraucht und Ralf hatte keine Möglichkeit mehr die Raten bei der Bank zu bedienen. Er suchte einen Anwalt auf, um eine Rückabwicklung des Vertrages zu veranlassen. Dieser sah ihn mit ehrlichen Augen an und sagte ihm, dass die Immobilie völlig überteuert gekauft wurde und zu dem unbewohnbar sei - was er bereits mit eigenen Augen feststellt hatte. Ebenfalls teilte ihm der Anwalt mit, dass eine Rückabwicklung so ohne Weiteres gar nicht möglich sei. Obwohl in diesem Fall eine arglistige Täuschung vorlag, kam erschwerend hinzu, dass diese Firma, welche ihn in diese Misere gebracht hatte, gar nicht mehr existierte. Über einen neutralen Makler ließ er ein Gutachten erstellen, welches ihm die Tränen in die Augen schoss. Das Objekt, welches er kürzlich erworben hatte, hatte einen maximalen Verkehrswert von 35.000 Euro. Ralf blieb nichts anderes übrig als in die Privatinsolvenz zu gehen. Einen Schuldenberg von 300.000 Euro abzutragen schien für ihn mit seinem Gehalt unmöglich.

Als Ralf mir die komplette Geschichte nach ungefähr einer Stunde zu Ende erzählt hatte, war ich sprachlos. Ich versuchte ihn zu trösten und ihm Mut zuzusprechen, doch Ralf war von nun an ein gebrochener Mann. Nach ein paar Getränken fuhr ich ihn nach Hause, da er nicht einmal mehr ein Auto besaß. Ralf verabschiedete sich mit gläsernen Augen und den Worten: „Machs gut". Es war das letzte Mal, dass ich Ralf gesehen hab. Neun Tage nach unserem Treffen erfuhr ich durch eine gemeinsame Freundin, dass Ralf sich von einer Eisenbahnbrücke gestürzt hatte.

Aus der Erfahrung anderer Menschen lernen

Eine Geschichte wie sie sich zu Tausenden in den neunziger Jahren, bis heute auf ähnliche Art und Weise zugetragen hat. Meist trifft es völlig mittellose Menschen, welche vom Prinzip her niemals auf die Idee kommen würden eine Immobilie zu kaufen, geschweige denn in diese zu investieren.

Hier haben wir erneut gelernt, dass das Investieren in Betongold, nicht zwingend Erfolg nach sich zieht, sondern ohne jegliches Fachwissen in den finanziellen Ruin führen kann. Oftmals ist es eine emotionale Bindung, die solche Trickbetrüger zunächst zu ihrem potentiellen Opfer aufbauen. Durch geschulte Frage- und Antworttechniken. Den Opfern wird das Investieren in Immobilien zunächst schmackhaft gemacht. Beispielsweise durch das Zeigen von Hochglanzbroschüren oder das Präsentieren eines Videoclips auf einem Laptop. Anschließend werden diese ahnungslosen Menschen durch konsequentes Vorgehen des Beraters überrumpelt und zu einer Entscheidung genötigt. Meist wird ihnen vorgegaukelt, dass es die letzte Immobilie sei oder ein Haufen anderer Interessenten bereits wartet oder die Immobilie so weit unter Wert angeboten wird, dass der Verkäufer selbst überlege sie zu kaufen. Den Opfern wird keine Zeit gelassen sich die Meinung eines Dritten einzuholen und somit ausgeschlossen, dass weitere Personen auf das Opfer einwirken können. Die Notare, die solche Geschäfte beurkunden, stecken mit den Betrügern meist unter einer Decke und erhalten eine hohe Provision für ihre Dienste. In Bar versteht sich. Notare, welche nachts ein Geschäft beurkunden, sollten jeden Käufer zum Nachdenken bewegen, da es nicht gerade eine übliche Zeit für ein solches Geschäft ist. Banken sind ebenfalls in die Geschäftspraktiken involviert, welche dem Käufer die liquiden Mittel zur Verfügung stellen um die völlig überteuerte Immobilie zu erwerben. Seriöse Banken würden zunächst ein Gutachten der Immobilie erstellen um auszuschließen, dass der Wert der Immobilie geringer ist, als das entliehene Geld des Kunden.

Es gibt diverse Fernsehreportagen über die Geschäftspraktiken solcher Betrüger-Netzwerke, doch gelingt es diesen Menschen immer wieder neue Opfer ausfindig zu machen und auszubeuten. Einer meiner Mentoren sagte mir einmal, dass an den Märkten immer dasselbe Theater gespielt wird. Lediglich die Darsteller ändern sich von Zeit zu Zeit. Oftmals fallen Menschen auf solche Maschen herein, die von solchen Geschäftspraktiken schon einmal gehört haben. Ihre subjektive Wahrnehmung unterbindet es jedoch diese logischen Verknüpfungen herzustellen - durch geschickte Täuschungsmanöver der Betrüger.

Spätestens jetzt sollte jedem klar sein, dass man keine Entscheidung, für eine langfristige Investition sofort treffen, sondern sie mehrfach überdenken sollte. Der Einbezug der Meinung einer neutralen Person ist ebenfalls unabdingbar für ein solches Handeln. Alle Regelwerke für Kaufentscheidungen stehen unter dem Deckmantel des rationalen Handelns, welcher die Grundlage für Erfolg ist, völlig egal auf welcher Ebene. Emotionale Entscheidungen hingegen ziehen nicht selten ein schlechtes Geschäft nach sich, da diese meist keinen rationalen Ursprung haben.

Es gibt vier Arten von Geschäften, welche ein Mensch tätigen kann. Es sind fachlich saubere Gewinngeschäfte, fachlich saubere

Verlustgeschäfte, fachlich unsaubere Gewinngeschäfte und fachlich unsaubere Verlustgeschäfte.

Die fachlich sauberen Geschäfte, egal ob Gewinn oder Verlust, haben meist einen rationalen Ursprung, wobei die fachlich unsauberen Geschäfte meist einen emotionalen Ursprung haben. Bei den fachlich sauberen Gewinngeschäften macht der Käufer alles richtig. Von der Bewertung bis hin zum Kauf unter Wert stimmen alle Parameter. Bei den fachlich sauberen Verlustgeschäften ist es ähnlich, jedoch kommt ein Parameter hinzu, gegen welchen kein Geschäftsmann immun ist und das ist der ‚Faktor X'. Ein Bau einer Autobahn oder das Einrichten einer Mülldeponie in nächster Nähe können dazu führen, dass das Objekt an Wert verliert und das bis dato gute Geschäft folglich in einem Desaster endet.

Fachlich unsaubere Geschäfte sind in der Regel Glücksgeschäfte. Der Käufer hat keinerlei Ahnung von der Materie, jedoch führt irgendein Umstand dazu, dass das völlig schlecht analysierte Geschäft dennoch zu einem guten Geschäft wird - durch irgendeinen glücklichen Umstand, welchen der Käufer nicht zu verantworten hat. Das fachlich unsaubere Verlustgeschäft ist die schlechteste Alternative zu allen anderen drei Kategorien. Die vorherige Geschichte ist ein Paradebeispiel für ein solches Geschäft.

Wie jeder sehen kann gibt es bei jedem Geschäft dennoch ein Restrisiko, welches sich niemals ausschließen lässt. Auf die Summe der getätigten Geschäfte ist die Wahrscheinlichkeit eines Totalverlustes jedoch exorbitant gering, wenn man sich stets an seine Regeln hält und diszipliniert an die Sache heran tritt. Verlustgeschäfte gehören nun mal zum Handel dazu, jedoch sollte die Anzahl der Verlustgeschäfte im Verhältnis zu den Gewinnge-

schäften signifikant gering sein und die Höhe der Verluste ebenfalls.

Kapitel 3 - Tipps und Tricks

Kaufen Sie im Sonderangebot

Eine uralte Geschäftsthese, die sich stets auf alle Geschäftsbereiche ummünzen lässt oder mit anderen Worten ausgedrückt - kaufen unter Wert.

Hört sich im ersten Augenblick sehr einfach an, was es vom Grundsatz her auch ist. Jedoch sind es meist äußere Einflüsse, gekoppelt mit der Unwissenheit und fehlender Erfahrung, welche dazu führt, dass Käufer oftmals überfordert sind. Diese Käufer versuchen dann ihre Verantwortung und die damit verbundene Entscheidung in die Hände eines anderen zu geben.

Das erste Gespräch findet meist mit einem Makler statt, welcher einem satte Renditen und Wertsteigerung in Aussicht stellt. Dann kommt noch das Argument hinzu: gewohnt wird immer.

Der Bankberater, auf welchen man meist etwas später trifft, vorausgesetzt man finanziert die Immobilie mit fremden Mitteln, wird einem ähnliche Verkaufsargumente nennen und das hat nur einen einzigen Grund: beide Personengruppen wollen nur das Beste für Einen und das ist sein Geld.

Wenn ich mir gestern die Haare geschnitten hätte und würde heute in einen Friseursalon gehen und würde fragen, ob ich einen neuen Haarschnitt bräuchte, vorausgesetzt ich hätte keine Glatze, würden über 90 Prozent die Frage mit „ja" beantworten. Überall wo Gelder gezahlt werden und wo es um Provision und Profit geht, haben Beratungen in den meisten Fällen keinen objektiven Betrachtungswinkel, sondern vielmehr einen Subjektiven, zu Gunsten des Beratenden.

Aus diesem Grund ist es für viele auch so schwer sich in dem Dschungel der Betoninvestments zurechtzufinden, weil den meisten Menschen einfach die Zeit und die Motivation fehlt, sich mit der Materie zu beschäftigen. Oftmals kommt noch Gutgläubigkeit und Naivität hinzu, welches es schwarzen Schafen da draußen sehr leicht macht, dem ein oder anderen das hart verdiente Geld aus der Tasche zu ziehen. Das soll an dieser Stelle nicht heißen, dass alle Berater und Makler schlechte Menschen sind. Ich kenne eine ganze Menge von denen, welche sehr gute Arbeit machen und auf die man sich hundertprozentig verlassen kann. Allerdings haben all diese Menschen neben ihrer Fachexpertise noch einen zweiten Job und der heißt Verkäufer. Immobilien im Sonderangebot kaufen ist wie bereits erwähnt nicht allzu schwer. Man braucht allerdings ein paar Dinge, ohne die es nicht geht und das sind:

- Geduld
- Mut
- Fachexpertise

Zunächst ist es erst einmal wichtig, den Markt genauestens zu beobachten und die Durchschnittswerte der einzelnen Kategorien zu ermitteln. Die Kaufpreise werden von mir immer auf die Quadratmeter herunter gerechnet, um einen gemeinsamen Nenner zu erhalten. Dazu schaue ich gleichzeitig, welche Rendite ich mit einer Immobilie in der jeweiligen Region erzielen kann.

Schnäppchen findet man übrigens nicht im Internet sondern meist in der Zeitung oder erfährt es durch Bekannte und Kontaktpersonen. Ein anderer Trick beim Suchen von Schnäppchen ist die Schaltung eines Inserates in einer Zeitung unter der Rubrik: ‚Suche Immobilie'. Der Vorteil hierbei ist, dass bei dieser Vorgehensweise keine Makler am Verkauf beteiligt sind und man somit schon mal seinen ersten Vorteil hat. Des Weiteren haben viele Menschen, die ihre Immobilie über die Zeitung verkaufen, wenig Ahnung von dem Geschäft und verkaufen diese meist unter Wert. Dies setzt allerdings voraus, dass man selber weiß, wieviel eine Immobilie Wert ist und sich genauestens mit der Materie beschäftigt; getreu dem uralten Grundsatz: „Wissen ist Macht". Man sollte bei diesem Vorgehen auf jeden Fall eine gehörige Portion Geduld mitbringen, welche sich in den meisten Fällen jedoch auszahlt.

Sparen mit System

Viele Menschen mögen jetzt an dieser Stelle schmunzeln und denken, dass es fast unmöglich sei, alleine nur die Anzahlung für eine Immobilie, welche in der Regel 20 Prozent des Kaufpreises betragen sollte aufzubringen. Doch das Problem - oder mit anderen Worten gesagt - die Herausforderung bei dieser Thematik, liegt meist an einer ganz anderen Stelle. Es ist das Sparverhalten. Die Masse der Bürger haben das Problem, dass sie keinerlei Konzept in ihrem Sparverhalten haben und sich somit der Möglichkeit berauben, langfristig Vermögen aufzubauen. Die Formel dieser Menschen lautet wie folgt: Gehalt – Fixkosten – Konsum = Sparen. Der Betrag, der am Ende eines Monats quasi übrig bleibt, wird somit zum Sparen verwendet. Vom Prinzip her ist das ja nicht ganz falsch. Jedoch hat man bei dieser Systematik nicht die Möglichkeit Vermögen langfristig zu planen, da die Sparraten immer unterschiedlich hoch ausfallen.

Eine meiner Meinung nach besser Formel wäre: Gehalt – Fixkosten – Sparen = Konsum. An dieser Stelle möchte ich niemanden dazu animieren nur noch billige Margarine statt teurer Butter zu kaufen, jedoch ist ein System im Sparren für einen langfristigen Vermögensaufbau unabdingbar. Ebenso ist es wichtig sich ein Überblick über die verschiedenen Sparkonten zu verschaffen, um stets ein transparentes Lagebild über die Vermögensverhältnisse zu erhalten. Umso früher man mit dem systematischen Sparen anfängt, desto früher hat man Kapital zur Verfügung, um erste größere Investitionen tätigen zu können. Diese Systematik baut auf einem Satz auf, den ich zu Beginn meiner Karriere von einem meiner damaligen Mentoren gesagt bekam und bis heute sehr schätze: 'Entweder man hat Zeit - oder man hat Geld'.

Fängt man in den jungen Jahren mit dem Sparen an, hat man alle Zeit der Welt sich sein Investitionskapital zu ersparen. „Mit jungen Jahren" ist ein Alter von ungefähr 20 gemeint. Fängt man allerdings erst mit dem vierzigsten Lebensjahr an Kapital zu sparen, hat man in der Regel deutlich weniger Zeit Geld für Investitionen zu akkumulieren, wenn wir von einer Lebenserwartung von etwa 80 Jahren ausgehen. Also: je früher, desto besser.

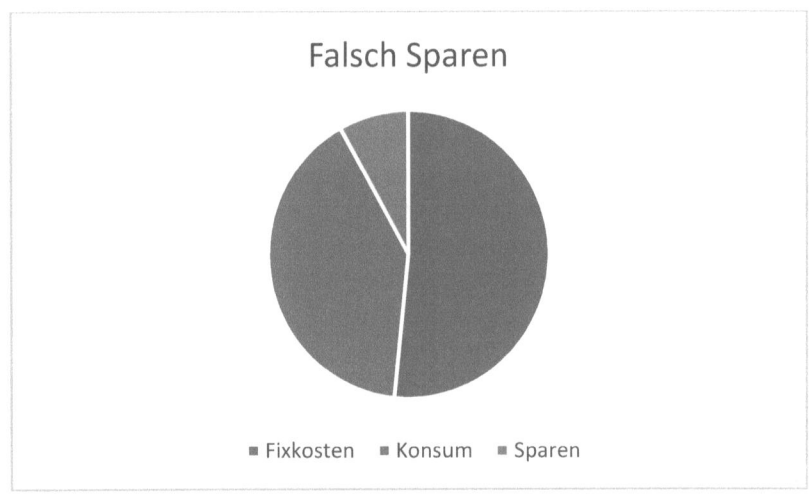

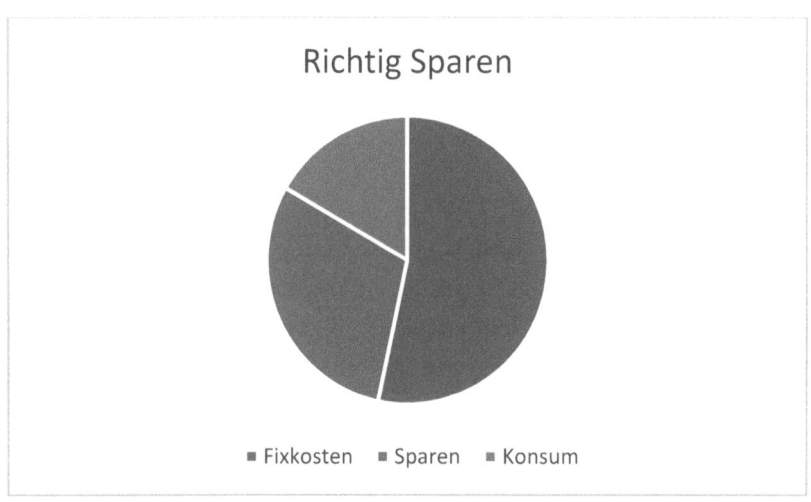

Richtig Sparen

■ Fixkosten ■ Sparen ■ Konsum

Checkliste beim Immobilienkauf

Wie bei allen Investitionen, ganz egal ob in Wertpapiere oder in Sachwerte, sollten stets gewisse Regelwerke beziehungsweise Checklisten vor dem Kauf abgearbeitet werden, um die Wahrscheinlichkeit eines Fehlkaufs verschwindend gering zu halten. Nachfolgend habe ich einmal eine fundamentale Checkliste aufgeführt, nach welcher ich in der Regel vorgehe. Es gibt sicherlich noch einige Punkte, welche man ergänzen könnte, jedoch sind dies für meine Kaufentscheidungen die wichtigsten Kriterien:

- ✓ Ist die Heizung funktionsfähig?
- ✓ Prüfung der Elektrik
- ✓ Konsistenz und Alter der Wasserleitungen?
- ✓ Wasserdruck ausreichend?
- ✓ Beschaffenheit des Daches
- ✓ Ist das Dach gedämmt und eine Unterspannbahn darunter?
- ✓ Konsistenz der Innenwände
- ✓ Feuchtigkeit im Keller?
- ✓ Beschaffenheit der Außenfassade?
- ✓ Beschaffenheit der Fenster (Kunststoff oder Holz)?

Zusätzlich:

Bei Sondereigentum beziehungsweise Eigentumswohnungen ist zwingend auf die Vorlage der Protokolle der letzten Eigentümerversammlungen zu achten und diese auf Auffälligkeiten beziehungsweise Problemstellungen zu prüfen.

Auf die Höhe der Instandhaltungsrücklage sollte ebenfalls geachtet werden.

Gefasste Beschlüsse, welche zukünftig in Verbindung mit Investitionen umgesetzt werden, sollten keine unangenehme Überraschung sein.

Die Nebenkostenabrechnungen der letzten Jahre sollten stets in einem angemessenen Verhältnis zur Kaltmiete stehen.

Die Kaufabwicklung

Die klassische Kaufabwicklung eines Immobiliengeschäftes läuft so gut wie immer nach ein und demselben Schema ab. Die Kaufabwicklung variiert mit kleinen Abweichungen, je nachdem ob die Immobilie mit Eigen- oder Fremdmitteln finanziert wird, jedoch ist vom groben Ablauf immer das gleiche Schema an der Tagesordnung.

Immobiliengeschäfte sind stets an rechtliche Normen gebunden, welche einen Besitz- bzw. Eigentumsübertrag von jetzt auf gleich unmöglich machen. Versuche ich ein paar gebrauchte Autoreifen über das Internet käuflich zu erwerben oder gar ein paar neue Sportschuhe in einem Kaufhaus, werde ich direkt nach Kauf Eigentümer und zeitgleich Besitzer des jeweiligen Gegenstandes. Die Definition von Besitz und Eigentum hat im Großen und Ganzen nur eine sekundäre Betrachtungsweise in Bezug auf Immobilien. Deswegen wird an dieser Stelle nicht weiter auf die in Rede stehende Thematik eingegangen.

In der folgenden Grafik habe ich einmal die Phasen eines Immobiliengeschäftes visuell gegliedert, um anschließend etwas mehr auf diese einzelnen Phasen einzugehen. Die Abwicklung gliedert sich in zwei Primärphasen mit jeweils drei Unterpunkten.

Phase 1

1	• Einigung beider Vertragsparteien
2	• Entwurf der noratiellen Beurkundung
3	• Prüfen einer Finanzierung

Point of no return

Phase 2

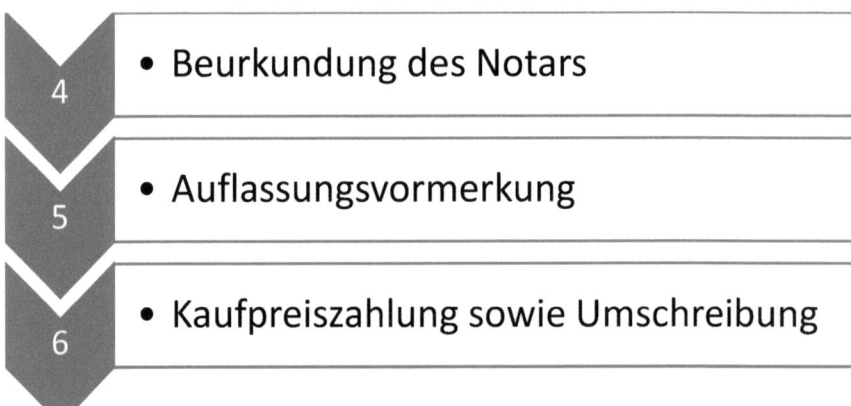

4 • Beurkundung des Notars

5 • Auflassungsvormerkung

6 • Kaufpreiszahlung sowie Umschreibung

Einigung beider Vertragsparteien

Um ein vollkommenes Geschäft zustande kommen zu lassen bedarf es zwei übereinstimmender Willenserklärungen, welche ein zweiseitiges Rechtsgeschäft mit notarieller Beurkundung nach sich ziehen.

Beide Vertragsparteien in Form von Käufer und Verkäufer einigen sich vorab über die Höhe des Kaufpreises und vereinbaren sämtliche vertragliche Parameter, welche im späteren Verlauf durch einen Notar ihrer Wahl beurkundet werden.

Vorab erhalten beide Vertragsparteien jeweils einen Entwurf des Kaufvertrages durch den Notar. Vertritt ein Makler den Verkäufer, regelt dieser meist die Einigung zwischen Käufer und Verkäufer und bestellt in der Regel den Notar.

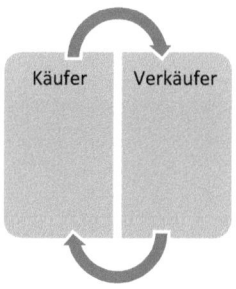

Entwurf der notariellen Beurkundung

Unter dem vorherigen Punkt habe ich es bereits vorweggenommen. Beide Vertragsparteien haben sich bis hierhin über die Vertragsinhalte geeinigt und haben nun selbst oder gegebenenfalls durch einen Makler ein Notariat beauftragt, die notarielle Beurkundung vorzubereiten sowie die Abwicklung des Kaufvertrages zu initiieren.

Da bereits sämtliche Vertragsparameter definiert sind, wird in der Regel wenige Wochen nach Einigung ein Termin für die folgende Beurkundung fixiert. Es ist wichtig, dass sich beide Vertragsparteien den Entwurf genauestens durchlesen und sich nicht auf die Expertise eines Dritten verlassen. Selbst ein Notar kann einmal einen Fehler machen, welcher im Nachhinein nicht mehr so einfach zu „heilen" ist.

Nach Einigung beider Vertragspartein

Prüfen einer Finanzierung

Möchte man eine Immobilie mit fremden Mitteln, wie zum Beispiel durch eine Bank finanzieren, ist es wichtig sich vorab genauestens zu informieren. Die meisten Kleinbürger wickeln ein Immobiliengeschäft oftmals nur einmal im Leben ab. Deswegen ist es umso wichtiger, sich hierbei vollstens der Sache zu widmen und sich absolut zu konzentrieren. Die meisten Kreditnehmer informieren sich zuerst bei ihrer Hausbank, was oftmals nicht verkehrt ist, jedoch ist es meistens nicht schädlich einmal über den Tellerrand hinauszuschauen, um mehrere Angebote und Möglichkeiten zu erhalten und diese dann miteinander zu vergleichen.

Wie bereits an anderer Stelle erwähnt, macht es Sinn die Finanzierung in mehrere Teilkredite zu splitten um flexibel auf sich ändernde Lebensbedingungen sowie Veränderungen am Zinsmarkt reagieren zu können.

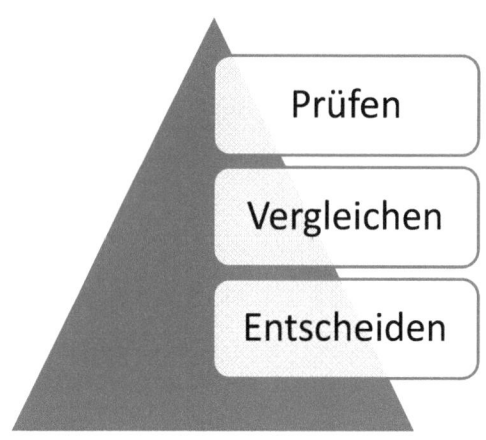

Point of no return

Bis hierhin und nicht weiter. Diese Überschrift habe ich bewusst nicht als eigenen Punkt aufgeführt. Sie bedeutet prinzipiell nichts weiter als eine horizontale Trennlinie zwischen Punkt 3 und 4. Diese Linie hat allerdings eine ganz besondere Bedeutung.

Nach dem Prüfen der Finanzierung ist noch kein Vertragsverhältnis zwischen Käufer und Verkäufer zustande gekommen. Beide sind sich lediglich einig. An diesem Punkt kann Käufer sowie Verkäufer das ganze Geschäft widerrufen und die ganze Arbeit zum Platzen bringen.

Nach der Beurkundung des Notars ist das nicht mehr so einfach beziehungsweise nicht mehr möglich. Anders verhält es sich bei dem Geschäft mit den Turnschuhen, auf welches ich in einem vorherigen Beispiel eingegangen bin. In einen solchen Fall hat der Käufer die Möglichkeit mit seinem Kassenzettel zu dem zuständigen Kassierer zu gehen, um die gekaufte Ware umzutauschen. Oft noch Wochen später oder sogar schon nach Gebrauch der Ware. Im Immobiliengeschäft ist das nicht ohne weiteres möglich.

Beurkundung eines Notars

Käufer und Verkäufer treffen sich nach vorheriger Abstimmung und Einigung über aller vertraglichen Parameter bei einem Notar. An dieser Stelle ist es stets von Vorteil seinen gültigen Personalausweis bei sich zu tragen, um sich beim Notar auszuweisen.

Bei der Beurkundung liest der Notar beiden Vertragsparteien den kompletten Kaufvertrag vor. Für die meisten Menschen sind die einzelnen Vertragsparameter nur schwer verständlich, da sie in einem juristischen Fachjargon formuliert sind.

Bei der Beurkundung besteht jederzeit die Möglichkeit Einzelheiten zu hinterfragen, um diese gegebenenfalls an dieser Stelle noch einmal ändern zu lassen.

Im Anschluss an die Beurkundung wird der Kaufvertrag von beiden Vertragsparteien unterzeichnet sowie von dem Notar. In der Regel dauert eine Beurkundung cirka 45 Minuten. In manchen Fällen auch länger oder kürzer.

Der im Original unterzeichnete Kaufvertrag verbleibt im Archiv des jeweiligen Notars. Beide Vertragsparteien bekommen im Anschluss, in der Regel wenige Tage später, eine beglaubigte Reinschrift, welche mit einem Notarsiegel versehen ist.

Der Notar leitet nach der Beurkundung alle weiteren Schritte in die Wege, um den Kauf schnellstmöglich zum Abschluss zu bringen. Ebenfalls bekommt das zuständige Grundbuchamt eine Ausfertigung des Kaufvertrages mit der Anweisung der Vormerkung.

Auflassungsvormerkung

Die Auflassungsvormerkung hat jene Funktion, dass dem Käufer die Sicherheit gegeben wird, dass der Verkäufer die bereits verkaufte Immobilie nicht mehr anderweitig verkaufen oder verwehrten kann. Es bedarf nach Auflassungsvormerkung nur noch einem wichtigen Schritt um das Eigentum dann vollständig dem neuen Besitzer zu übertragen.

Die Auflassungsvormerkung ist quasi eine gegenseitige Absicherung, um die Vertragsabwicklung so sicher wie möglich zu machen. Nicht selten kann sich so eine Prozedur mehrere Monate hinziehen, was aber völlig normal ist.

Erst nach vollständiger Kaufpreiszahlung, welche im Vertrag durch beide Parteien vereinbart wurde sowie der Zahlung der Grunderwerbssteuer, kann der Notar die endgültige Umschreibung beim zuständigen Grundbuchamt veranlassen. Der Prozess ist nun voll im Gange.

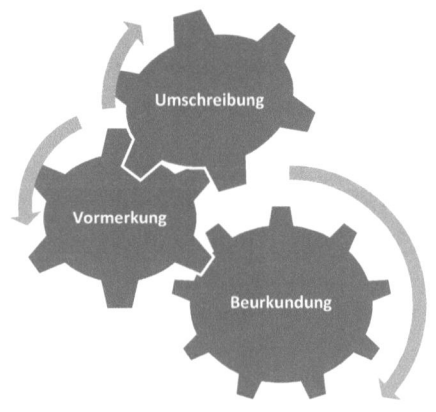

Kaufpreiszahlung und Umschreibung

Hat der Käufer den vereinbarten Kaufpreis gemäß dem vereinbarten Kaufvertrag gezahlt, wird wie im vorherigen Punkt erklärt, die Umschreibung beim Grundbuchamt veranlasst. Viele sollten sich spätestens an diesem Punkt im Klaren sein, dass eine Rückabwicklung eines solchen Vertrages nicht mehr ohne weiteres möglich ist.

Ein Immobilienkauf ist kein Haustürgeschäft, bei dem der Käufer eine sofortige Entscheidung treffen muss. Deswegen ist es umso wichtiger ein solches Geschäft genauestens zu planen und sich über die Kosten und der dazugehörigen Verantwortung im Klaren zu sein. Wie bereits an anderer Stelle erwähnt, wird der Käufer an diesem Punkt - nach meiner Definition - zum Unternehmer. Das Unternehmertum fängt allerdings wesentlich früher an, was die meisten an dieser Stelle bereits mitbekommen haben und zwar schon mit der Auswahl der Immobilie, nach den selbst definierten Kriterien. Herzlichen Glückwunsch zur ersten Immobilie!

An dieser Stelle wird noch einmal ausdrücklich darauf hingewiesen, dass speziell die letzten Punkte nach bestem Wissen und Gewissen recherchiert wurden. Der Autor, der Verlag sowie alle Personen, welche mit der Erstellung dieses Werkes in Verbindung stehen, haften nicht für mögliche Verluste, welche aufgrund der Umsetzung, des hier vermittelten Gedankengutes entstehen.

Wie viel ist meine Immobilie eigentlich Wert?

Diese Frage stellt sich jeder, der eine Immobilie besitzt oder eine Immobilie erwerben möchte. Die Berechnung des Wertes einer Sache, wenn wir nicht zwingend von einer Immobilie ausgehen, ergibt sich immer aus dem Verhältnis von Angebot und Nachfrage - ähnlich wie die Preisbildung der einzelnen Aktienkurse an den weltweiten Finanzmärkten. Jeder der mich etwas genauer kennt, weiß, dass ich an der Börse sehr aktiv bin und somit täglich mit dem Angebot und der Nachfrage konfrontiert werde und dazu gezwungen werde mich damit auseinander zu setzten.

Viele erwerben eine Immobilie und haben keinerlei Ahnung, was sie da eigentlich gekauft haben, geschweige denn, wieviel sie eigentlich Wert ist. Im Großen und Ganzen trifft das auf die Masse der Weltbevölkerung zu.

Wer sich etwas genauer mit der Bewertung von Immobilien beschäftigt, bemerkt recht rasch, dass eine solche Bewertung gar nicht so einfach ist, da jede Immobilie ein individuelles Unikat ist. Die einen haben eine Fußbodenheizung implementiert, die anderen eine Solaranlage auf dem Dach. Jenes Haus, welches es zu erwerben gilt, hat eine defekte Heizung ‚und und und' […]. Wir halten also fest, dass es in jedem Haus, oder mit anderen Worten gesagt Immobilie, unterschiedlichste Attribute gibt, welche in die Bewertung mit einfließen sollten. Für meine Bewertung versuche ich mir immer einen gemeinsamen Nenner zu schaffen, wenn ich eine Immobilie erwerben möchte. Zunächst vergleiche ich verschiedene Kaufpreise einzelner Immobilien miteinander, indem ich die Kaufpreise durch die angegebene Quadratmeterzahl dividiere. Somit erhalte ich einen Wert, wieviel mich ein Quadratmeter einer Immobilie kostet. Unterscheiden sich die Immobilien in zu vielen Attributen voneinander, suche ich einen Standard als Mittelwert. Ich prüfe quasi welche Sachen über dem Standard liegen und prüfe wieviel Euro ich in das Objekt investieren muss, um meinen vordefinierten Standard zu erhalten. Nehmen wir mal an, wir hätten einen Quadratmeterpreis in irgendeiner Region in Mitteldeutschland von 1.000 Euro pro Quadratmeter Wohnfläche. Bei einem Haus mit einer Wohnfläche von 150 Quadratmetern hätten wir also einen Wert von 150.000 Euro.

Nun bekommen wir durch eine Privatperson eine Immobilie angeboten mit 100 Quadratmetern Wohnfläche für 75.000 Euro. Wir gehen davon aus, da es sich hierbei nur um ein Beispiel handelt, dass die Grundstückfläche und das Baujahr nahezu identisch sind. Würden wir jetzt den Kaufpreis von 75.000 Euro durch die 100 Quadratmeter teilen, kommen wir auf einen Quadratmeterpreis von 750 Euro. Somit liegt das Angebot dieser Immobilie unter Marktwert. Jetzt fügen wir aber noch ein weiteres Attribut hinzu. Die Heizung bei dem Haus müsste erneuert werden, da diese nicht mehr funktionsfähig ist. Die Kosten hierfür kalkuliere ich je nach Art und Qualität mit 8.000 bis 10.000 Euro. Diese sind ebenfalls auf den Kaufpreis hinzuzufügen, um den Mittelwert zu erhalten. Wenn wir die 10.000 Euro als Richtwert nehmen würden wir mit den jetzigen 85.000 Euro immer noch unter Marktwert liegen. Zu beachten ist allerdings, dass es sich hierbei um eine sehr kleine Immobilie handelt, die bei Kauf eine größere Familienplanung von vorne herein ausschließt. Ebenfalls sollte darauf geachtet werden, ob eine Maklercourtage anfällt oder nicht. Dieser Parameter ist ebenfalls zu beachten, weil er den Kaufpreis um sechs Prozent erhöht.

Für eine ordnungsgemäße Bewertung einer Immobilie nutze ich zwei Verfahren, auf die ich im Folgenden etwas genauer eingehen möchte. Es handelt sich hierbei um das Renditeberechnungs- und das Vergleichswertverfahren. Selbstverständlich gibt es noch weitere Verfahren, um den Wert einer Immobilie zu berechnen, jedoch liegt der Grundstein für Erfolg in der Einfachheit bestimmter Dinge. Für eine Kaufentscheidung nehme ich stets beide Verfahren als Berechnungsgrundlage, um mir die Flexibilität zu geben, ein Objekt zur Eigennutzung oder zur Vermietung zu erwerben.

Vergleichswertverfahren

Dieses Verfahren habe ich bereits in groben Zügen beschrieben. Es werden quasi vergleichbare Immobilien herangezogen, um den Wert zu ermitteln. Wie bereits erwähnt wird eine Immobilie bei diesem Verfahren, nach vorab definierten Attributen, mit anderen äquivalenten Objekten verglichen und somit der Quadratmeterpreis ermittelt. Vorteil bei diesem Verfahren ist, dass ich die Bewertung der Immobilie zur aktuellen Marktlage erhalte und somit eine aktuelle Bemessungsgrundlage als Kriterium habe.

An dieser Stelle muss ich noch einmal eins betonen: Man muss zwingend unterscheiden, welchen Nutzen einem die Immobilie bringen soll. Es bringt rein gar nichts, eine Immobilie zu erwerben, welche weit unter Wert gehandelt wird, jedoch zur Eigennutzung völlig ungeeignet ist, da der räumliche Bezug zu sozialen Kontakten - oder gar die infrastrukturelle Lage - in Bezug auf meinen Arbeitsplatz völlig unpassend ist.

Wohnen in den eigenen vier Wänden ist in der Regel Luxus und hat nur sekundär etwas mit Investieren zu tun, um dies an dieser Stelle noch einmal zu betonen. Sicherlich mögen jetzt einige hier an dieser Stelle schmunzeln und denken, dass diese Aussage mit anderen Aussagen aus diesem Buch in einem Konflikt steht, jedoch muss man immer eines beachten: Eine eigen genutzte Immobilie ist nur ein Investment, wenn man diese deutlich unter Wert kauft, sämtliche soziale Aspekte bei diesem Haus zutreffen und man diese Immobilie langfristig nutzt. Der Begriff ist natürlich sehr dehnbar, jedoch spreche ich von einer Zeitspanne von ungefähr 40 Jahren. Bei einer eigen genutzten Immobilie kommt noch hinzu, dass der Erwerber nicht allzu viele Möglichkeiten hat, steuerliche Vorteile geltend zu machen, was aber auch je nach Umstand sehr individuell zu betrachten ist.

Renditeberechnungsverfahren

Dieses Verfahren habe ich in einem anderen Abschnitt bereits unter anderen Aspekten erläutert und richtet sich in der Regel lediglich auf die Rendite aus, welche man mit dem zu erwerbenden Objekt erzielen kann. Wie bereits erwähnt, nutze ich stets beide Verfahren, um mehr Flexibilität zu erhalten.

An dieser Stelle muss ich noch einmal erläutern, dass ich lediglich nur dann eine Kaufentscheidung treffe, wenn beide Verfahren einen positiven Erwartungswert aufweisen. Als Beispiel habe ich einmal eine Berechnungsgrundlage für dieses Verfahren dargestellt.

Sicherlich spielt bei der Vermietung einer Immobilie die steuerliche Komponente eine wichtige Rolle.

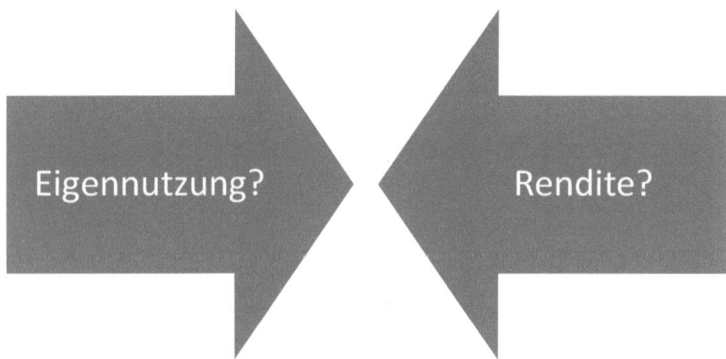

Kostenstelle	Betrag	Bemerkung
Kaufpreis	80.000,00 €	für 80 qm
+ Kaufnebenkosten	10.760,00 €	Grunderwerbsteuer 6%, Makler 5,95%, Notar 1,5%
= Gesamtinvestitionskosten	90.760,00 €	ohne Renovierungskosten

Kostenstelle	Betrag / Jahr	Bemerkung
Nettokaltmiete / Jahr	9.600,00 €	
- nicht umlagefähige Kosten	1.000,00 €	
- Instandhaltungsrücklage	480,00 €	0,50 €/qm pro Monat
= Prozentwert Bruttorendite	8.120,00 €	

Kostenstelle	Betrag / Jahr	Bemerkung
Gesamtinvestitionskosten	90.760,00 €	
Prozentwert Bruttorendite	8.120,00 €	
Prozentsatz Bruttorendite	8,95	Pw-Bruttorendite * 100 / Gesamtinvestitionskosten

Regeln für die Finanzierung einer Immobilie

Grundsatz:

Bei der Finanzierung einer Immobilie gilt folgender Grundsatz:

Hochzinsphase = Darlehen so kurz wie möglich

Niedrigzinsphase = Darlehen so lang wie möglich.

Kreditsummensplitt:

Es ist ratsam das geliehene Kapital zur Finanzierung der Immobilie auf mehrere Darlehen mit unterschiedlichen Laufzeiten zu verteilen. Somit erhält man die Flexibilität sich dem Zinsmarkt anzupassen, ohne sich von vornherein völlig unflexibel auf einen Zinssatz festzulegen.

Die Tilgung:

Bei der Tilgung ist es essentiell wichtig, das entliehene Kapital schnellstmöglich abzutragen. Umso schneller ein Schuldenberg schrumpft, desto höher ist der damit verbundene Tilgungssatz. Gerade in Hochzinsphasen sollte man beim Abschluss des Darlehensvertrages darauf achten, stets Sondertilgungen tägigen zu können, um in liquiden Phasen schneller zu tilgen.

Maximale Laufzeit:

Finanzierte Eigenheime sollten in der Regel bis zum Eintritt in das derzeitig geplante Rentenalter weitestgehend, bis komplett Schuldenfrei, sein. Diese Regel ist an den Grundsatz der vorausschauenden Planung gebunden, welcher sich in sämtlichen Geschäftsbereichen widerspiegelt.

Risiko Absichern:

Bei dem Erwerb eines Eigenheims ist es zusätzlich ratsam, die Kreditsumme mit einer Risikolebensversicherung abzusichern, um die Eventualität auszuschließen, dass eine Tilgung des Darlehens nicht mehr möglich ist, falls dem Hauptverdiener etwas zustößt.

Kaufnebenkosten:

Bei jeglicher Art von Kauf fallen stets Kaufnebenkosten an, welche nicht ganz unerheblich sind. Die Grunderwerbssteuer, welche von Bundesland zu Bundesland variiert, hat beispielsweise in Hessen derzeit einen Satz von sechs Prozent. Wenn möglich sollte darauf geachtet werden, die Kosten für einen Makler zu umgehen, wie das funktioniert, habe ich bereits in einem vorherigen Abschnitt erwähnt. Die Makler verlangen meist eine Courtage auf den Kaufpreis von 5,95 Prozent. Hinzu kommen noch Notarkosten, welche bis zu 1,5 Prozent des Kaufpreises betragen können. Addiert man diese Zahlen, kommt man recht schnell auf eine Summe von knapp 13,5 Prozent. Bei einem Kaufpreis von beispielsweise 200.000 Euro, betragen die Nebenkosten 27.000 Euro, was nicht ganz unerheblich ist. Es ist daher ratsam, bei jedem Immobilienkauf die Nebenkosten nicht zu finanzieren, sondern in Form von liquiden Mitteln selbst zu tragen.

Klingt einfach, wieso macht das nicht jeder so?

Die am häufigsten gestellte Frage. Meist wird diese Frage von Einsteigern gestellt, oder von Menschen die überhaupt nichts mit der Materie zu tun haben. Es liegt in der Natur des Menschen, Dinge in Frage zu stellen, welche bei anderen Menschen funktionieren. Eine der Ursachen dafür ist, dass die meisten Menschen zu komplexe Gedankenkonstrukte haben und somit der Meinung sind, dass nur Dinge funktionieren, welche eine hohe Komplexität aufweisen. Das ist jedoch ein Fehler! Der Schlüssel zum Erfolg liegt in der Einfachheit, denn nur was einfach ist, ist reproduzierbar und lässt sich demnach wiederholen.

Das beste Beispiel für die Einfachheit spiegelt sich im Börsenhandel wieder. Viele sind der Meinung, je komplexer eine Chartanalyse ist, desto wahrscheinlicher lässt sich der Kurs eines Marktes prognostizieren. Wer mein erstes Buch gelesen hat, weiß worauf es im Börsenhandel wirklich ankommt. An dieser Stelle wiederhole ich es noch einmal! Je mehr Parameter und Attribute man in eine Analyse steckt, desto seltener treffen diese zu, was zur Folge hat, dass der Handel an Transparenz verliert und somit nicht wiederholbar ist.

Im Handel gibt es ein Gesetz, welches es zu verstehen gilt und das ist das Gesetz des Angebotes und der Nachfrage. Es bestimmt den Preis und somit den Markt, sonst niemand. Völlig irrelevant ob im Börsenhandel, beim Kauf von Immobilien oder gar beim Handel mit Fahrzeugen. Das Angebot und die Nachfrage bestimmen den Preis. Diese These hört sich sehr plakativ an, jedoch ist sie die

Grundlage für den Erfolg. Im Börsenhandel scheitern mehr als 95 Prozent aller Händler früher oder später, da viele hoffen, denken oder meinen, dass der Markt in ihre Richtung läuft, vergessen aber den Grund weswegen dieser oder jener Markt nicht tut, was sie wollen.

Viele meiner Beispiele, zu welchen es viele Parallelen in unserem Alltag gibt, beziehen sich auf den Börsenhandel und das aus gutem Grund. In meiner gesamten Zeit an den Finanzmärkten und auch in der Zeit davor habe ich keine Sache kennen gelernt, aus welcher sich ein solcher Mehrwert an Lebenserfahrung ziehen lässt, wie aus dem Börsenhandel. Disziplin, Geduld und mentale Stärke sind nur wenige Punkte, die ich hier an dieser Stelle nennen möchte. Wie schon an mehreren Stellen erwähnt, bin ich der Meinung und auch der festen Überzeugung, dass ein dauerhaft erfolgreicher Börsenhändler mit großer Wahrscheinlichkeit in nahezu jedem Beruf bestehen kann, da er die nötigen Grundvoraussetzungen mitbringt, welche ihm den Erfolg ermöglichen.

Viele Dinge, welche ich in diesem Buch beschreibe und auch erläutere, haben nur sekundär etwas mit dem Immobilienhandel zu tun, wer diese Dinge jedoch versteht und auch beherrscht, wird mit großer Wahrscheinlichkeit nicht zu den Verlierenden gehören, wo wir an dieser Stelle wieder bei der Einfachheit sind.

Vom Prinzip her ist der Handel mit Immobilien nichts weiter als einfachste Mathematik. Es sind keine komplexen Formeln oder auch kein übermäßig großes Fachwissen von Nöten um dauerhaft zu bestehen, dennoch gelingt es nur sehr wenigen, wirklich Kapital daraus zu schlagen. Ein guter Bekannter fragte mich einmal, ob ich nicht einen Tipp für eine Immobilie für ihn hätte, in welche er investieren könne. Kurze Zeit stellte ich ihm einen Kontakt her, durch welchen er eine Immobilie erwerben konnte, in einem Haus, indem ich ebenfalls mehrere Objekte besitze. Obwohl er an meinen Zahlenwerken sehen konnte, wie einfach sich mit diesem Objekt Geld verdienen lässt, zögerte er und tat es aus mir nicht ersichtlichen Gründen nicht. Viele Menschen finden Ideen anderer prinzipiell gut, haben aber nicht die nötige Disziplin und den Mut es mit eigener Initiative umzusetzen.

Der produktive Zirkel

Zu guter Letzt möchte ich noch auf eine Sache eingehen, welche zunächst sehr banal und plakativ scheint, jedoch zu meinen wirkungsvollsten Waffen zur langfristigen Kapitalvermehrung gehört. Es ist der produktive Zirkel – dieser besagte Zirkel hat einzig und allein die Aufgabe, dem von mir akkumulierten Kapital stets in jeder Phase die Möglichkeit zu geben produktiv zu sein.

Geld hat in meinem Kosmos lediglich zwei Aufgaben. Zum einen dient es zur Befriedigung einzelner Konsumbedürfnisse und zum anderen hat es die Aufgabe „zu arbeiten". Das hört sich zunächst erst einmal sehr simple an, jedoch gelingt es den wenigsten Letzteres umzusetzen. Wie nicht allzu schwer zu erkennen ist, habe ich genau zwei Attribute, welche es mir ermöglichen, meinem Geld stets die Möglichkeit geben für mich zu arbeiten. Vollkommen gleichgültig, wo wir beginnen, befindet sich das Geld stets in einem immer wiederkehrenden Kreislauf, ähnlich wie in einem geschlossenen System, welches jedoch ständig an Zuwachs gewinnt. Die Immobilien, welche im oberen Bereich der Grafik dargestellt sind, generieren stets passive Einkünfte, welche an der Börse für den Handel zur Verfügung stehen. Selbstverständlich nur ein Teil davon, da stets genug Liquidität vorhanden sein muss, um gewisse Verpflichtungen zu bedienen. Der Einfachheit halber, ist dieser Zirkel vereinfacht dargestellt, ohne einzelne Querverbindungen sowie steuerlicher Berücksichtigung. Jenes Kapital, welches an der Börse vermehrt wird, wird anschließend auf ein von mir eingerichtetes Tagesgeldkonto transferiert um neue Liquidität „zu parken", für die Investition in neue Immobilien. Rund

50 Prozent meiner Gewinne transferiere ich von meinen Börsendepots am Ende einer Handelsperiode auf mein Tagesgeldkonto, die anderen 50 Prozent dienen dazu, dem Konto die Möglichkeit für ein höheren Risikobetrag in der darauf folgenden Handelsperiode zu geben. Zusätzlich spare ich monatlich einen festen Betrag auf meinem Tagesgeldkonto, um diesem einen höheren Grad an Liquidität zu geben. Dem Kreislauf wird somit stets neues Kapital von außen zugeführt sowie intern erwirtschaftet.

Der Immobilienbestand und die Börsendepots wachsen somit auf der Zeitachse stets an und generieren von Jahr zu Jahr neues Kapital, welches den Kreislauf wachsen lässt.

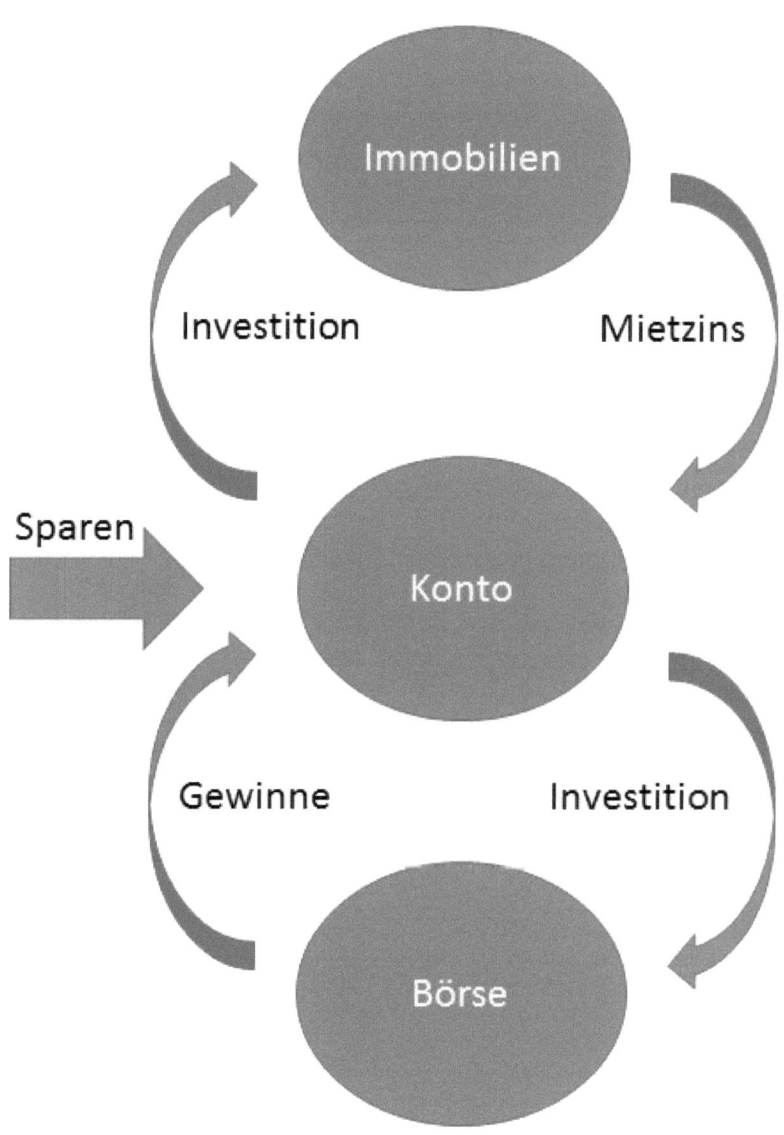

Interview mit dem Autor

Frage?

Wie alt waren Sie, als Sie Ihre erste Immobilie erwarben?

Antwort!

Ich war, wie zu Beginn beschrieben, ziemlich genau 18 Jahre alt.

Frage?

Wie kam es dazu, dass Sie sich in so jungen Jahren für Immobilien interessierten?

Antwort!

Ehrlich gesagt wurde ich schon in sehr jungen Jahren tagtäglich mit dieser Materie Konfrontiert, da mein Großvater mehrere Immobilien besaß und ich somit recht früh damit vertraut gemacht wurde.

Frage?

Würden Sie anderen Menschen raten in Immobilien zu investieren?

Antwort!

Für den langfristigen Vermögensaufbau ist das Investieren in Immobilien unabdingbar. Alleine wegen der steuerlichen Vorteile sowie der steigenden Mieten, bedingt durch die Inflation.

Frage?

Wie viel Kapital benötigt man, zum Investieren in Immobilien?

Antwort!

Das hängt vollkommen vom Liquiditätspolster des Investors ab sowie den Zielen. Als Einsteiger sollte man erst einmal mit einer kleinen Eigentumswohnung anfangen und sich später ran tasten.

Frage?

Sollte man Ihrer Meinung nach ausschließlich in
Immobilien investieren?

Antwort!

Wer mich etwas genauer kennt, weiß wie ich mein
Geld verdiene. Immobilien sind nur eine Art des
Investierens. Man sollte sein Kapital, meiner Mei-
nung nach, risikoarm streuen.

Frage?

Welche Bedeutung hat Geld für Sie?

Antwort!

Geld ist für mich nichts anderes als bedrucktes Papier, welches als Tauschgut gegen andere Güter verwendet wird.

Frage?

Haben Sie ein materielles Ziel, welches Sie in Ihrem Leben erreichen wollen?

Antwort!

Ein materielles Ziel habe ich nicht. Mein Ziel ist es lediglich meine Arbeit gut zu machen. Der daraus resultierende Erfolg ist lediglich eine Konsequenz.

Frage?

Was unterscheidet das Trading, welches Sie betreiben, von Ihren Immobiliengeschäften?

Antwort!

Aus psychologischer Sicht gibt es wenig Unterschiede. Es sind lediglich zwei unterschiedliche Märkte mit unterschiedlichen Regeln, welche es zu erlernen gilt.

Frage?

Warum konzentrieren Sie sich nicht nur auf eine
Sache und praktizieren beides?

Antwort!

Weil ich mit beiden Dingen aufgewachsen bin. Sie
sind ein Teil von mir und ich mache sie aus absoluter Leidenschaft.

Frage?

Hatten Sie oft Glück bei ihren Geschäften?

Antwort!

Ein bisschen Glück gehört immer dazu, jedoch baue ich nicht auf Glück. Alle meine Geschäftspraktiken müssen wiederholbar sein und somit für andere erlernbar.

Frage?

Mit wie viel Jahren stellen Sie sich vor in Rente zu gehen?

Antwort!

Das kann ich noch nicht genau sagen. Ich liebe meine Arbeit und bin niemand, der sich einfach so ausruhen könnte.

Frage?

Welchen Tipp würden Sie Kleinanlegern beim Sparen geben?

Antwort!

Der meiner Meinung nach wichtigste Tipp ist langfristig und konsequent zu sparen - mit System und dem dazugehörigen Dokumentieren.

Frage?

Haben Sie Angst einmal arm zu sein?

Antwort!

Angst nicht direkt, aber man macht sich schon manchmal Gedanken. Ich kenne Menschen, die sehr erfolgreich waren und durch einen unglücklichen Umstand jedoch alles verloren haben.

Frage?

Möchten Sie Ihren Lesern noch etwas mit auf den Weg geben?

Antwort!

Die Kunst des Erfolges ist es immer einmal mehr aufzustehen, als man zu Boden geht.

Mache immer das Gleiche, aber das Gleiche immer etwas besser!

Amin Tirmizi

Besuchen Sie meine Seite www.3t-system.de

Amin Tirmizi - | Trader | Autor | Coach |

ein Partner von 3t-system:
www.idio10.net
Lektorat / Korrektorat
Werbliches Schreiben
Social Media Marketing
Suchmaschinenpoptimierung
Wordpress

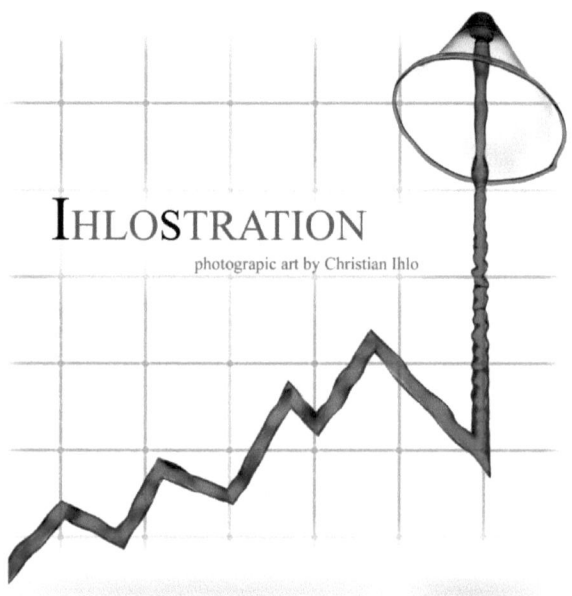

IHLOSTRATION

photograpic art by Christian Ihlo

VERSCHÖNERN SIE IHRE GESCHÄFTSRÄUME MIT FOTOS DER BESONDEREN ART.
WÄHLEN SIE AUS UNSEREM PORTFOLIO IHRE LIEBLINGSMOTIVE. WASSER-
TROPFENFOTOGRAFIE, RUHIG BIS DYNAMISCH. AUF ANFRAGE PROZUZIEREN
WIR FÜR SIE EIN INDIVIDUELLES EINZELSTÜCK IHRER WAHL, BEI DEM SIE
MOTIV UND FARBEN BESTIMMEN.

- WWW.IHLOSTRATION.COM -